inspire 4

Méthode de français B2

Transcriptions
et Corrigés **S'entraîner**

UNITÉ 1 — Le bonheur est-il utopique ?

Leçon 1

Donner une définition du bonheur

Piste 002. Document 1

Journaliste : C'est quoi, le bonheur ?
Homme 1 : Le bonheur, c'est une joie de vivre pour moi.
Homme 2 : C'est la vie de famille avec mes enfants… et le rugby aussi !
Femme 1 : Oh là là, le bonheur c'est, c'est, c'est, c'est… éviter, éviter le malheur sûrement déjà, hein ?
Homme 3 : C'est surtout le fait d'être bien dans sa peau et d'avoir confiance en soi et d'être avec les personnes qu'on aime et de faire ce qu'on aime, tout simplement.
Journaliste : Est-ce que c'est difficile d'être heureux ?
Homme 1 : Oui, je pense que si on se pose trop de questions, si on cherche trop à vouloir être heureux, je pense que c'est compliqué.
Homme 4 : Oui, c'est très difficile, mais c'est passionnant.
Journaliste : Est-ce que l'argent fait le bonheur ?
Homme 1 : Non ! Alors, ça y contribue un petit peu quand même, parce que, quand on n'a pas du tout d'argent, je pense que, quand on est dans la rue, comme on voit des gens aujourd'hui dans la rue, j'suis pas sûr qu'ils soient très heureux. Et je pense que ça joue, le fait de pas avoir d'argent.
Journaliste : Est-ce que le bien-être au travail contribue au bonheur ?
Femme 2 : Oui, par contre, avoir un travail qui nous plaît et être bien dans son travail, je pense que ça apporte beaucoup dans le bonheur de la vie de tous les jours.
Journaliste : Est-ce que les moyens actuels de communication rendent plus heureux ?
Femme 2 : Nan, je pense pas. Parce que même, au contraire, on s'éloigne des autres.
Homme 2 : Je crois que c'est plus pratique, mais je ne crois pas que ça rende plus heureux.

Piste 003. Document 2

« Toutes les familles heureuses se ressemblent ; mais chaque famille malheureuse l'est à sa façon. » J'ai longtemps pensé que cette phrase de Tolstoï, au tout début de *Anna Karénine*, était juste : le bonheur me semblait plus agréable à vivre, mais moins pittoresque à observer et à raconter. Parce que le bonheur se savoure souvent sans qu'on ait besoin de mots, et que le malheur se décortique, on rumine, on ressasse, on gémit, on se plaint. Le second donne l'impression d'être plus riche et intéressant. Il est juste plus bavard ! Le bonheur est peut-être l'émotion la plus délicate à mettre en mots, et aussi à transmettre par les mots, lire un témoignage ou un récit de bonheur ne rend pas forcément heureux, et agace même parfois. C'est pour cela qu'on fait moins souvent de bonnes histoires, films ou romans, avec le bonheur, le malheur est plus captivant. Pour la vie quotidienne, c'est évidemment autre chose. Et cela vaut la peine de s'interroger : au sein de notre vie intérieure, quelle attitude adoptons-nous envers les émotions agréables ? Notre regard sur nos ressentis positifs est-il, par exemple, aussi négligent que notre regard sur la nature ? Sans effort d'attention, nous n'y voyons que de l'herbe, des arbres, des fleurs, des oiseaux. Simplification appauvrissante ! Dans une lettre à son ami d'enfance, Alfred Le Poittevin, Flaubert écrivait : « Pour qu'une chose soit intéressante, il suffit de la regarder longtemps. » Dès qu'on s'intéresse à un sujet, on en perçoit la richesse, la diversité et la subtilité. Tous les brins d'herbe se ressemblent ? Non ! Allongez-vous sur une prairie, comptez le nombre de plantes différentes dans ce que vous nommez « herbe ». Eh bien, c'est la même chose pour le bonheur et les émotions agréables. Leur richesse est quasi infinie. En voici une petite liste non exhaustive : joie, bonne humeur, amusement, plaisir, intérêt, enthousiasme, curiosité, confiance, sérénité, harmonie, concordance, admiration, élévation, estime, affection, sympathie, amitié, appartenance, satisfaction, fierté, gratitude, reconnaissance… Et il ne s'agit pas – ou pas seulement –, de rendre notre vie plus belle, mais de prendre conscience que toutes ces émotions agréables nous aident à mieux affronter l'adversité. C'est pourquoi la moitié de notre travail sur la vie intérieure devrait consister à reconnaître l'extrême variété de nos émotions agréables, à les susciter, à les savourer, à les nommer ! Camus disait : « Mal nommer un objet, c'est ajouter au malheur de ce monde. » Et mal savourer les émotions agréables, c'est priver notre bonheur de ressources quotidiennes inépuisables. À demain… et ne perdez jamais le lien avec vous-même.

Leçon 2

Analyser des idées reçues

Piste 004. Document 2

Extrait 1 *Après le bonheur*, Arrangeur : Johann RICHE, Christophe MIOSSEC, Leander LYONS, Mirabelle GILIS / Compositeur-Auteur : Christophe MIOSSEC / Éditeur : LES ÉDITIONS PAS TERRIBLE
On court après le bonheur comme s'il venait de s'échapper
Comme s'il avait soudain pris peur en ce tout début d'année
On joue à se faire peur à l'idée qu'il ait pu s'évader

Extrait 2 *La Terre est ronde*, Éditeur : TOGETHER RECORD, UNIVERSAL MUSIC PUBLISHING, WARNER CHAPPELL MUSIC FRANCE, 7TH MAGNITUDE / Auteur : ORELSAN / Compositeur : FREDERIC SAVIO / Interprète : ORELSAN, KARAOKE KING
T'as besoin d'une voiture pour aller travailler
Tu travailles pour rembourser la voiture que tu viens d'acheter (viens d'acheter)
Tu vois l'genre de cercle vicieux ?
Le genre de trucs qui donne envie d'tout faire sauf de mourir vieux (mourir vieux)
Tu peux courir à l'infini
À la poursuite du bonheur
La Terre est ronde, autant l'attendre ici (l'attendre ici)

Extrait 3 *Il n'y a pas d'amour heureux*, Éditeur : TUTTI INTERSONG ÉDITIONS MUSICALES SARL / Compositeur : Georges BRASSENS / Auteur : Louis ARAGON / Interprète : Georges BRASSENS
Et quand il veut serrer son bonheur il le broie
Sa vie est un étrange et douloureux divorce
Il n'y a pas d'amour heureux

Extrait 4 *Le premier bonheur du jour*, Françoise Hardy / Paroles et musique : J. Renard, F. Gérald
Le premier bonheur du jour
C'est un ruban de soleil
Qui s'enroule sur ta main
Et caresse mon épaule

f. fallu → pas d'accord avec « il a fallu » verbe impersonnel • **g.** vus → accord / « les », le COD fait l'action de l'infinitif

Phonétique

Je sais qu̸e j̸e l'avais app̸elée à l'époque parc̸e que, enfin, j'étais au bord du burn-out, parce que… énormément d̸e travail et donc j̸e l'appelle, en disant écoutez, là j̸e sais pas, j'y arrive pas, j'ai du mal. J'y arrive pas, à structurer, enfin le devoir que j̸e dois vous rendre, et elle m̸e dit, « Bah, écoutez, venez à la maison. » Enfin, moi, déjà, j̸e bug. Enfin, moi, j'ai jamais eu l'habitude, enfin, qu'un prof m̸e dise « V̲e̲nez chez moi. » Pour moi, c'est… enfin, c'est juste hallucinant ! Donc, j̸e sonne à l'interphone, personne n̸e répond. Là, j̸e m̲e̲ dis « Bah, tu vois ? Voilà ! Les choses rentrent dans l'ordre. C'est toi qui as mal compris. » Finalem̸ent elle m'ouvre la porte. Elle m̲e̲ dit « Excusez-moi… »

– [e] est prononcé quand il se trouve dans la 1ʳᵉ syllabe du groupe rythmique (v̲e̲nez à la maison) – sauf le « e » de « je » qui peut toujours être muet – ; quand il est précédé de 2 consonnes prononcées (Elle m̲e̲ dit) ; dans le cas du pronom « le » après impératif (Lisez-le)
– quand il y a 2 [e] successifs, on en supprime 1 sur 2 (le devoir que j̸e dois vous rendre)
– dans tous les autres cas, [e] peut être muet
Plus on supprime de [e], plus le langage est familier, et on ne respecte pas toujours les règles ! (Je sais qu̸e j̸e l'avais appelée ; et elle m̸e dit.)

Le travail a-t-il le même sens aujourd'hui ?
Langue & S'entraîner p. 128-132

Leçon 29

1 À barrer a. d'aucuns • **b.** l'autre / n'importe quel autre • **c.** quelques-unes • **d.** N'importe lesquels • **e.** une autre / n'importe qui • **f.** n'importe quoi

2 s'étant inscrits ; travaillant ; n'ayant pas reçu

3 a. Cette entreprise ne s'étant pas adaptée, elle a fait faillite. / Ne s'étant pas adaptée, cette entreprise a fait faillite. • **b.** Ayant su écouter ses employés, cet employeur leur a proposé la semaine de 4 jours. • **c.** Ayant tout mis en œuvre pour satisfaire ses salariés, il ne comprend pas leur démission. • **d.** Les revendications salariales ayant été refusées, les salariés se sont mis en grève. • **e.** N'ayant pas pu résoudre les conflits, le directeur a été licencié.

4 1 d ; 2 f ; 3 a ; 4 b ; 5 e ; 6 c

Leçon 30

5 a. Le télétravail est un outil précieux pourvu que les plages horaires de travail soient respectées et que les employés ne soient pas sollicités en dehors de ces plages. • **b.** J'accepterai ce poste à condition de pouvoir agir librement. • **c.** Les salariés accepteront une flexibilité des horaires à défaut d'une augmentation de salaire / à défaut d'obtenir une augmentation de salaire. • **d.** Au cas où on te proposerait un poste de manager, tu accepterais ? • **e.** La nouvelle génération préférerait les tracances quand bien même la rémunération serait inférieure. • **f.** Ce dirigeant offre du temps libre à défaut d'un salaire élevé. • **g.** L'accord d'entreprise pourrait être rejeté, le cas échéant chaque partie devra revoir sa position.

6 en gros ; néanmoins ; Ce qui est sûr ; Pour preuve ; d'ailleurs ; notons que ; force est de constater

Leçon 31

7 a. En faisant le même travail, deux personnes devraient avoir le même salaire. • **b.** En disant qu'il gagnait 20 000 euros par mois, il s'est fait insulter ! • **c.** En ayant des grilles salariales fiables, on éviterait la discrimination hommes-femmes. • **d.** En ne donnant pas ses critères de sélection, le directeur n'est pas apprécié. • **e.** En étant le seul de la fratrie à suivre des études supérieures, il ressent de la pression. • **f.** En acceptant de recruter d'autres personnes, le DRH aurait fait preuve de solidarité avec les salariés en place.

Phonétique

a. 1. Je me rappelle encore de vos **confrères** américains m'interviewant et se **moquant** des Français qui ne pensaient qu'à se déconnecter, à ne pas travailler… 2. **Donc** c'est vrai que la loi **renvoie** à une **obligation** des entreprises à **négocier** un accord. 3. Et c'est ça qui est devant nous, parce qu'avec le **télétravail**, la définition **précise** de ce droit concret devient évidemment, **entreprise** par entreprise, **indispensable**. 4. Alors écoutez, moi en matière de droit social, mon **expérience** – parce que vous avez vu, j'ai quelques cheveux **blancs**, vos auditeurs ne le voient **pas** mais j'ai quelques années d'expérience –…

b. Extrait 1 D ; Extrait 2 C ; Extrait 3 B ; Extrait 4 A

Peut-on oublier son âge ?
Langue & S'entraîner p. 144-148

Leçon 33

1 a. La durée de vie s'est tellement allongée que l'âge de la vieillesse commence plus tard. • **b.** Les personnes de 60 ans ont une vie si active qu'on ne peut pas les considérer comme vieilles. • **c.** Certaines personnes âgées font beaucoup de sport du coup elles paraissent plus jeunes. • **d.** Les seniors prennent soin de leur corps si bien qu'ils paraissent plus jeunes que leur âge. • **e.** Il y a tant de façons de devenir adulte que les repères sur les âges de la vie fluctuent. • **f.** Il y a trop de focalisation sur l'âge, cela entraîne de nombreuses discriminations. • **g.** La société souffre de stéréotypes, d'où la mauvaise entente entre les générations. • **h.** Il veut paraître jeune, de sorte qu'il a recours à la chirurgie esthétique.

Leçon 34

2 Verbes au passé simple : dut ; reçut ; eut ; attribua
Verbes au passé antérieur : eut atteint ; se fut débrouillée ; eut acquis ; fut revenue

3 (+) : b ; d ; f • **(-) :** a ; c ; e g

Leçon 35

4 a. Sans doute faut-il que les relations intergénérationnelles se multiplient. • **b.** On vit dans un monde où sont nombreuses les discriminations dues à l'âge. • **c.** Peut-être y a-t-il beaucoup de mentalités à changer. • **d.** Ce sont des règles que respectent les jeunes et dont ne se soucient pas les plus âgés. • **e.** À peine a-t-on dépassé la cinquantaine qu'on est considéré comme inutile !

5 Oui : a ; c ; d ; f • **Non :** b ; e

6 a. Je ne parle jamais de mon âge à moins qu'(on) (ne) me le demande et qu'il (ne) faille le donner. • **b.** Avec les années, le corps s'affaiblit excepté si on le fait bouger et si on en prend soin ! • **c.** On reste de plus en plus actif sauf quand on n'a plus de projets et qu'on se referme sur soi. • **d.** Personne ne me considère comme inutile à 70 ans à l'exception de quelques personnes (qui le pensent). • **e.** On peut rester jeune longtemps à moins qu'on devienne rigide et qu'on ne cherche plus à s'adapter aux nouveautés. • **f.** La souplesse cérébrale est maintenue sauf si on ne lit plus ou qu'on ne réfléchit plus. • **g.** Elle évoque souvent son âge excepté avec ses enfants.

7 a 3 ; b 1 ; c 11 ; d 2 ; e 6 ; f 7 ; g 9 ; h 5 ; i 8 ; j 4 ; k 10

Leçon 19

6 a. Qui est la plus âgée de toutes les candidates ? • **b.** Je vote autant par défaut que par conviction. • **c.** Il a été élu avec moins de voix que son prédécesseur. • **d.** L'abstention est aussi importante à Paris qu'en province. • **e.** Ce sont les jeunes qui votent le moins. • **f.** Ce système électoral est vraiment le pire de tous. • **g.** Les deux candidats ont obtenu autant de voix l'un que l'autre.

7 a. de mieux en mieux • **b.** Plus, moins • **c.** de moins en moins • **d.** plutôt que • **e.** ainsi que • **f.** Autant, autant • **g.** comme s' • **h.** Plus, mieux

8 a. Il est inadmissible que vous ne preniez pas position. • **b.** Il est compréhensible que certaines personnes ne puissent pas faire de choix. • **c.** Il est anormal que les hommes et femmes politiques agissent ainsi. • **d.** Il est surprenant que ce candidat n'ait obtenu aucune voix. • **e.** Il est difficile que nous nous fassions une opinion exacte. • **f.** Il est fabuleux qu'on vive en démocratie. • **g.** Il est intéressant que chaque citoyen compare les candidats.

9 a. 3 ; **b.** 7 ; **c.** 4 ; **d.** 2 ; **e.** 5 ; **f.** 6

Phonétique
– comme si / déclarer des droits / était / une sorte d'ouverture _ indéfinie, _ une sorte d'individualisme sans limite, sans relation _ à _ autrui, alors que / les devoirs nous ramènent _ à notre condition relationnelle _ et sociale _ et comme s'il fallait compléter / les / droits individuels par les devoirs _ à l'égard d'autrui. /

11 Phonétique
1. son nez change = son échange • 2. c'est ta rangée = c'est arrangé • 3. tu t'essores = tu les sors • 4. il est tailleur = il est ailleurs • 5. un œuf = un neuf (9)

UNITÉ 6 — Comment la technologie transforme-t-elle notre vie ?
Langue & S'entraîner p. 98-102

Leçon 21

1 b. Les scientifiques réfléchissent à 4 / 6 • **c.** Certaines machines se comportent comme 5 • **d.** On doit absolument croire en 7 • **e.** Les robots peuvent aider les personnes avec un handicap à 3 • **f.** Les humanoïdes parviennent à 2 • **g.** La recherche se concentre sur 6 • **h.** La réalité virtuelle risque de 11 • **i.** Les robots disposent de 10 • **j.** Certains pays hésitent à 8 • **k.** Les êtres humains ont toujours bénéficié des 13 • **l.** Les chercheurs sont confrontés aux 12 • **m.** Il faut lutter contre 9

2 a. aux hommes / à réfléchir • **b.** Ø un nouveau robot / aux personnes âgées • **c.** Ø les chercheurs / à approfondir • **d.** aux malades / d'améliorer • **e.** au laboratoire / de mettre • **f.** Ø son projet / au comité • **g.** à de nombreuses personnes / d'être autonomes

3 a. dans l'espoir d' • **b.** visent à • **c.** de façon ce que • **d.** de crainte que • **e.** de manière à • **f.** de peur de

4 Personne 2 : le maintien à domicile • **Personne 3** : la stimulation cognitive • **Personne 4** : les aidants • **Personne 5** : l'interface

Leçon 22

5 a. Le réseau social auquel j'appartiens me permet de faire des rencontres. • **b.** Il existe de nouvelles façons de communiquer auxquelles il faut s'habituer et contre lesquelles il ne faut pas lutter. • **c.** Les communautés numériques avec lesquelles je partage mes idées et grâce auxquelles je m'informe m'aident beaucoup. • **d.** L'individualisme extrême c'est ce à quoi il faut résister et contre quoi il faut se battre. • **e.** Je suis très curieux ; c'est la raison pour laquelle je tchatte sur les réseaux sociaux. • **f.** Les amis virtuels au milieu desquels/de qui j'évolue et sans lesquels/qui je ne pourrais pas vivre me rendent heureux.

6 noué une relation ; attirée ; altruisme ; perle rare ; cercle d'amis ; égoïste ; tombée de haut ; pesante ; interrompre ; gardé le contact

Leçon 23

7 a. Ce terme ; celui ; Ce concept • **b.** Cette réorientation ; l'entreprise ; cet événement ; un tel projet • **c.** D'autres ; cela ; leur • **d.** Certains d'entre eux ; ceux-ci ; la tâche

8 a. en raison de • **b.** Par / Grâce à • **c.** inadaptés ; car / puisque • **d.** Suite à / À cause d' • **e.** Sous prétexte que

Phonétique
Les syllabes **en gras** sont mises en valeur par un accent d'insistance.
« Mais, dans **tous** les cas, que ce soit dans le secteur médical, que ce soit dans le secteur industriel, les **gens** nous disent des choses très **simples** : on **veut** que le robot **fasse** les **tâches** à valeur **non**-ajoutée par les personnes. À aucun moment, il faut **su**pprimer la personne pour **re**mettre le robot, **non**. Il faudra **mettre** le robot comme un **ou**til qui va **ai**der la personne. C'est un outil qui va **ai**der les aides-soignants, ce n'est **pas** un outil qui va **rem**placer les aides-soignants. »

9 Phonétique
a. La particularité du robot, c'est sa **ca**pacité à interagir avec l'environnement, l'extérieur et à avoir une certaine **au**tonomie dans cette interaction.
b. La **par**ticularité du robot, c'est sa capacité à **in**teragir avec l'environnement, l'**ext**érieur et à avoir une certaine autonomie dans cette interaction.
c. La particularité du **ro**bot, c'est sa capacité à interagir avec l'**en**vironnement, l'extérieur et à avoir une certaine autonomie dans **cette** interaction.
d. La **par**ticularité du robot, c'est sa **ca**pacité à **in**teragir avec l'environnement, l'**ext**érieur et à avoir une **cer**taine autonomie dans **cette** interaction.

UNITÉ 7 — À quoi sert l'école ?
Langue & S'entraîner p. 114-118

Leçon 25

1 a. je les leur ; je leur en ; je les leur ; leur en ; je les leur ; leur en ; ils m'en • **b.** me le ; Fais-le-moi ; je te le ; tu m'en

2 a. Oui, je vais me la faire expliquer. • **b.** Non, nous ne l'avons pas entendu en parler. • **c.** Oui, il veut m'y voir. • **d.** Non, il ne m'a pas laissé y entrer. • **e.** Oui, elles ont pu les leur donner. • **f.** Oui, je l'ai écouté le présenter. • **g.** Oui, elles vont s'y inscrire.

3 I : c, e ; S : a, b, d, f

4 a. Je ne connais aucune école qui permette vraiment aux élèves de s'épanouir. • **b.** C'est l'unique approche pédagogique qui sache respecter le rythme des élèves. • **c.** Je parle du meilleur pédagogue qu'il y ait. • **d.** C'est le pire système d'apprentissage qui soit. • **e.** On aimerait mettre en place la première école où l'enseignement se fasse en plein air.

5 a 6 ; b 1 ; c 5 ; d 3 ; e 2 ; f 4

Leçon 26

6 a. réussissent • **b.** savent • **c.** a • **d.** étudient • **e.** travaillent • **f.** poursuit **g.** continuent

7 a 4 ; b 3 ; c 2 ; d 5 ; e 1

Leçon 27

8 a. entraînés • **b.** donné • **c.** dessinées • **d.** succédé • **e.** promis • **f.** fabriqué
Accord avec le COD placé avant le verbe : a. (nous = COD) ; c. (que/ des robes = COD)
Pas d'accord car COD placé après le verbe : f. (de beaux costumes = COD / se = COI)
Pas d'accord car COI : b. (s' = COI/donner à) ; d. (se = COI/succéder à) ; e (se = COI/promettre à)

9 a. vu → pas d'accord / « s' », le COD ne fait pas l'action de l'infinitif • **b.** entendu(e)s → accord / « nous », le COD fait l'action de l'infinitif • **c.** fait pas d'accord avec « se faire » • **d.** vu / « se » le COD ne fait pas l'action de l'infinitif • **e.** eu → pas d'accord avec « il y a eu » verbe impersonnel •

39

dont la plupart des gens ne sont pas conscients. (être conscient de) • **e.** Il faudrait réduire les activités énergivores dont l'efficacité n'est pas prouvée. (l'efficacité des activités) • **f.** Le gouvernement prend des décisions dont nous ne sommes pas informés. (être informé de) • **g.** Certains chercheurs proposent des solutions dont on n'a jamais entendu parler. (entendre parler de) • **h.** Il est impératif de trouver des dispositifs dont la mise en place est très simple. (la mise en place des dispositifs) • **i.** On doit absolument protéger les animaux diurnes dont une partie est en voie d'extinction. (une partie des animaux) • **j.** Nous devrions restreindre la communication numérique dont la pollution est invisible. (la pollution de la communication numérique)

4 a. qui, que • **b.** où, qu' • **c.** qui, que • **d.** dont, qui, que, dont

5 a. perturber • **b.** subir • **c.** prendre de l'ampleur • **d.** restreindre • **e.** permettre • **f.** générer

Leçon 10

6 a. Si les hommes politiques s'étaient attaqués aux problèmes à temps, la situation ne se serait pas aggravée. • **b.** Si tout le monde prenait conscience du problème, on progresserait davantage/plus. • **c.** Si les citoyens ne gaspillaient pas l'eau, nos ressources ne diminueraient pas. • **d.** Si les gens s'étaient mobilisés plus tôt, les ressources de la planète ne seraient pas dans un état déplorable. • **e.** Si les consommateurs réduisaient leur consommation électrique, il n'y aurait pas de coupures d'électricité. • **f.** Si on avait interdit l'agriculture intensive, les sols ne se seraient pas considérablement dégradés. • **g.** Si on ne continuait pas à agir, la situation n'évoluerait pas dans le bon sens.

7 a 8 ; b 5 ; c 7 ; d 1 ; e 2 ; f 3 ; g 4 ; h 6

Leçon 11

8 a. évoquent • **b.** se penche sur • **c.** préconisent de • **d.** soulignent l'urgence de • **e.** considère nécessaire d'

9 a. en l'occurrence • **b.** notamment • **c.** en effet • **d.** dans le même temps • **e.** à la fois, mais aussi, Par ailleurs • **f.** quant à • **g.** enfin

10 Phonétique
« il n'y a aucune » est prononcé « y'a aucune » ; « qui est » est prononcé « qu'est » ; « je ne sais pas » est prononcé « ch'chais pas » ; « il y a » est prononcé « y'a » ; « qui étaient » est prononcé « qu'étaient » ; « notre futur » est prononcé « not' futur » ; « elles ne sont pas » est prononcé « è(l) sont pas » ; « il » est prononcé « i »
Quelques règles. À l'oral :
– On ne prononce pas certains sons : pa/rce que, no/tre futur, i/l, i/l y a, el/le
– On omet « ne » dans la négation (on utilise seulement « pas ») : je ne sais pas, elles ne sont pas...
– On ne prononce pas le « e » : je ne sais pas = j'sais pas = ch'chais pas
– Qui + voyelle = qu' : les objectifs qu'étaient posés
⚠ On fait la même chose avec « tu » : tu + voyelle = t' (tu as ramené des flyers = t'as ramené des flyers)

Les langues sont-elles sacrées ?

Langue & S'entraîner p. 68-72

Leçon 13

1 Il fallut ; les Romains envahirent ; importèrent ; s'installa ; il disparut ; les Francs prirent ; ils prononcèrent ; ajoutèrent ; créèrent ; fit ; le roman prit ; se renforça ; Le roi François Ier signa ; naquit l'Académie française ; eut ; vit ; on décida ; Napoléon fonda ; Jules Ferry instaura ; ces institutions rendirent

2 a. avant que • **b.** Depuis que • **c.** jusqu'à ce qu' • **d.** Dès qu' • **e.** Avant de

3 a. Dans les écoles, après avoir parlé latin, les élèves ont dû parler français. • **b.** Après avoir créé l'école républicaine, l'État a formé des instituteurs laïcs. • **c.** Après s'être imposée dans les écoles, la langue française s'est répandue dans les familles. • **d.** Après avoir lutté contre la francisation, les locuteurs régionaux ont peu à peu abandonné.

Leçon 14

4 Le ministre de l'Éducation a invité un groupe de rap au ministère. Le groupe y est venu. Le ministre a reçu les jeunes rappeurs pour les complimenter ; il leur a dit qu'ils aidaient à faire évoluer la langue française en l'enrichissant grâce à des nouveaux mots. Il en a cité quelques-uns et en a mal prononcé d'autres. Il a parlé de la jeunesse et a dit que ce détournement des normes lui était lié. Il veut l'encourager et le récompenser. Il a conclu en disant : « Inventez des mots, faites-les connaître ; rajeunissez le dictionnaire en y intégrant vos créations ».

5 a. Il ne s'y intéresse pas. • **b.** Oui, on doit s'en souvenir. • **c.** On se moque d'elles parce que c'est drôle. • **d.** Bien sûr, il faut s'en méfier. • **e.** Non, il n'est pas difficile de s'y habituer. • **f.** Non, elle ne dépend pas de lui.

6 a. J'en suis sûre et je l'espère ! • **b.** Oui, il y a contribué... et doit en être fier ! • **c.** Je le souhaite vivement et j'y tiens. • **d.** Oui, on en parle souvent et on y réfléchit. • **e.** Peut-on les empêcher de le faire ?

7 a. J'ai rencontré un homme bizarre qui m'a demandé de l'argent. Je suis énervé ! • **b.** J'en ai marre de ce ringard et de sa copine !

Leçon 15

8 a. étaient ; avaient vécu • **b.** présentait ; aurait fallu ; avait pas pu • **c.** évolueraient ; allaient résister

La politique est-elle l'affaire de tous ?

Langue & S'entraîner p. 84-88

Leçon 17

1 a. Il est nécessaire que tous les citoyens réfléchissent à la notion de droit et de devoir. • **b.** La démocratie exige que chaque habitant soit attentif à la liberté d'expression. • **c.** Il est temps que le parlement fasse évoluer la législation. • **d.** Il est important que la loi restreigne certaines libertés. • **e.** Il faut que les citoyens prennent le temps de s'informer. • **f.** L'UE demande que chaque membre suive des règles communes.

2 a. Les pays ne faisant pas partie de l'UE suivent-ils sa réglementation ? • **b.** Étant ressortissant de l'UE, est-ce que je peux voter aux élections européennes ? • **c.** Quelles conditions doit satisfaire un pays voulant entrer dans l'UE ? • **d.** La citoyenneté européenne se superposant à la citoyenneté nationale, a-t-on une double citoyenneté ? • **e.** Ayant la nationalité belge, est-ce que je peux devenir fonctionnaire allemand ? • **f.** Ne sachant pas parler luxembourgeois, pouvons-nous travailler au Luxembourg ? • **g.** Le Brexit excluant les Anglais de l'UE, ont-ils besoin d'un visa pour entrer en France ?

Leçon 18

3 a. Les citoyens sont représentés par les députés. • **b.** Des actions collectives sont menées par certaines associations. • **c.** Une décision sera prise prochainement pour résoudre le problème. • **d.** Un collectif citoyen a été créé par les habitants de la ville. • **e.** Les murs de la ville sont recouverts de tracts. • **f.** Il est impensable qu'une loi soit abrogée par un référendum. • **g.** Une initiative populaire ne peut pas être proposée sur tous les sujets !

4 a. Le gouvernement s'est fait critiquer par les syndicats. • **b.** Les manifestants se font souvent disperser par la police. • **c.** La ministre s'est laissé convaincre par certains arguments. • **d.** Nous espérons que les produits toxiques se feront interdire. • **e.** Les grévistes se sont laissé expulser pour qu'il n'y ait pas de violence.

5 a. Cette protestation s'explique par la situation économique. • **b.** La manifestation s'est organisée en deux jours. • **c.** Les réunions se sont multipliées ces derniers jours. • **d.** La mobilisation va se poursuivre jusqu'à un accord équitable. • **e.** On espère qu'une décision se prendra rapidement.

CORRIGÉS S'entraîner

Unité 1 — Le bonheur est-il utopique ?

Langue & S'entraîner p. 24-28

Leçon 1

1 a. tremblantes ; battant ; hésitante ; frustrant ; fatigant ; agaçant ; embarrassante ; blessante ; affligeante • **b.** enthousiasmante ; enrichissante ; stimulantes ; captivantes ; apaisantes ; émouvantes

2 a. Comment avez-vous trouvé la sérénité ? • **b.** Pourquoi nous sentons-nous souvent malheureux ? • **c.** Que font vos amis pour se relaxer ? • **d.** Ne faut-il pas vivre sans chercher à être heureux ? • **e.** N'y a-t-il pas plusieurs façons de trouver le bonheur ? • **f.** Existe-t-il un chemin unique pour accéder au bien-être ?

3 a. Comment les pensées négatives agissent-elles sur le bien-être ? • **b.** En quoi les émotions désagréables ont-elles un impact sur notre santé ? • **c.** Pourquoi l'agressivité provoque-t-elle un mal-être ? • **d.** Une bonne respiration peut-elle aider à se concentrer ? • **e.** Les vicissitudes de la vie rendent-elles pessimistes ? • **f.** Pourquoi les philosophes ont-ils toujours mentionné l'idée de paradis perdu ?

Leçon 2

4 a. Aucun d'entre nous ne veut rien faire. • **b.** Il n'y a plus personne qui croit au paradis sur Terre. • **c.** Aucune personne n'est jamais totalement responsable de sa vie. • **d.** Cet homme ne parle jamais de rien.

5 États positifs : a ; c ; d ; f • États négatifs : b ; e ; g

6 1h ; 2b ; 3g ; 4i ; 5c ; 6d ; 7a ; 8e ; 9f

Leçon 3

7 a. À entourer : de temps en temps ; exceptionnellement ; parfois ; rarement – **À souligner :** habituellement ; régulièrement

b. +++ : extrêmement ; profondément • **++ :** vivement ; vraiment ; absolument • **+ :** un peu ; sensiblement ; assez • **- :** insuffisamment ; partiellement

8 a. auraient • **b.** mourrait • **c.** aurait • **d.** ferait • **e.** respecterait • **f.** prendrions • **g.** règnerait

9 serait ; trouveraient ; décachetteraient ; ouvriraient ; allumeraient ; sortiraient ; retiendrait ; retrouveraient ; prendraient ; rentreraient ; iraient ; serait ; connaîtraient ; s'accorderaient ; appelleraient ; sauraient

10 Phonétique
Parce que le bonheur / se savoure / souvent / sans qu'on ait besoin de mots, // et que le malheur / se décortique, // on rumine, / on ressasse, / on gémit, / on se plaint. / Le second / donne l'impression / d'être plus riche / et intéressant. // Il est juste / plus bavard ! // Le bonheur / est peut-être / l'émotion / la plus délicate / à mettre en mots, // et aussi / à transmettre / par les mots, // lire un témoignage / ou un récit de bonheur / ne rend pas forcément heureux, // et agace même / parfois. // C'est pour cela / qu'on fait / moins souvent / de bonnes histoires, / films ou romans, / avec le bonheur, // le malheur / est plus captivant. //

Unité 2 — Sommes-nous prisonniers de notre apparence ?

Langue & S'entraîner p. 38-42

Leçon 5

1 a. jusqu' • **b.** entre… et • **c.** À cette époque • **d.** À • **e.** Il y a • **f.** l'après-midi même • **g.** Cela fait… que • **h.** Désormais • **i.** à la suite de quoi

2 je m'habillais ; je sortais ; j'avais fabriqués / je fabriquais ; je me teignais ; Les passants me regardaient ; certains se moquaient ; mes parents et mes amis avaient / ont essayé ; j'étais ; je suis devenue ; je me suis aperçue ; je ne pouvais ; j'avais achetés ; j'ai souvent été convoquée ; mes collègues m'ont alertée ; j'ai vécu ; j'ai décidé

Leçon 6

3 a. aura découvert, rechercheront • **b.** auront permis, ressemblera • **c.** seront devenues, aurons • **d.** aura, auront été légalisées • **e.** ne penseront plus, se sera substituée

4 a. devrait • **b.** devraient • **c.** pourrions tous avoir • **d.** ne devrait plus ressembler • **e.** pourrait être connecté

5 a4 ; b3 ; c2 ; d5 ; e6 ; f1

Leçon 7

6 a. Les gens sont choqués que nous ne respections pas les convenances. • **b.** Il ne supporte pas de devoir constamment porter une cravate. • **c.** Ça l'amuse de casser les codes de la mode • **d.** C'est super que vous ayez le droit de vous habiller comme vous voulez. • **e.** Elle a de la chance que son patron lui permette d'avoir les cheveux bleus. • **f.** Il regrette que le bermuda ne soit pas autorisé dans son entreprise.

7 a. Ce styliste est déçu que son défilé n'ait pas eu de succès et ait été très critiqué par la presse. • **b.** C'est bien que l'industrie de la mode ait évolué et se soit adaptée aux nouveaux modes de vie. • **c.** Je trouve (ça) dommage que la haute couture ne se soit pas démocratisée et s'adresse toujours à une classe privilégiée. • **d.** Ce jeune couturier est fier que sa première collection ait permis de le faire connaître et que ses créations aient été applaudies. • **e.** Je trouve (ça) génial que tous les mannequins n'aient pas toutes le même physique et que cela permette de s'identifier.

8 a. Le week-end, il s'habille très décontracté contrairement à la semaine. • **b.** Elle porte souvent des joggings et des pulls tandis que son mari porte toujours des costumes. • **c.** Même s'il a beaucoup d'argent, il s'habille très simplement. • **d.** Elle porte toujours des chaussures à talons et pourtant ce n'est pas très confortable. • **e.** J'adore mettre la vieille veste de mon père sans qu'il le sache. • **f.** Elle porte beaucoup de noir à l'inverse de ses amies. • **g.** Il est obligé de porter des cravates or il déteste ça ! • **h.** Il ne met pas de manteau bien qu'il fasse froid.

Phonétique
b. Liaison obligatoire entre le pronom personnel sujet et le verbe : ils‿ont des poches ;
Liaison obligatoire dans des groupes figés : c'est-à-dire
Liaison obligatoire après une préposition : dans‿une glace ; en‿un mot
Liaison obligatoire entre le verbe et le pronom personnel sujet inversé : serait‿il ; est‿il
Liaison obligatoire entre l'article et le nom : un‿élément
Liaison obligatoire entre l'adjectif et le nom : mon‿existence
Liaison facultative après le verbe : ils sont‿en coton
Liaison interdite entre 2 groupes rythmiques : Toutefois, X à signaler ; aux chevilles, X évitant de tomber ; le tableau soit complet X : ils sont
Liaison interdite après « et » : la taille et X aux chevilles ; et X enfin
Liaison interdite après un nom singulier : ce vêtement X informe

Unité 3 — Pouvons-nous encore sauver la planète ?

Langue & S'entraîner p. 54-58

Leçon 9

1 1. user • 2. protéger • 3. lumineux/lumineuse • 4. reproduire • 5. grand(e) • 6. apparaître • 7. vieillir • 8. éteindre • 9. synthétiser • 10. moderniser

2 a. changement • **b.** sobriété • **c.** nettoyage • **d.** restriction • **e.** efficacité • **f.** réduction • **g.** menace • **h.** permission / interdiction

3 a. Un des vrais dangers pour la planète est l'utilisation d'Internet dont nous abusons. (abuser de) • **b.** Supprimons les pollutions dont l'impact négatif sur la santé est évident. (l'impact des pollutions) • **c.** Les GAFAM dont Google fait partie envahissent notre quotidien. (faire partie de) • **d.** La pollution invisible est un phénomène sérieux

ce genre d'attitude, c'est contagieux. Les DRH réfléchissent en ce moment sur ce sujet et se demandent comment recréer du collectif en entreprise. Mais peut-on pour autant parler d'une tendance de fond ? Pour Marie-Anne Dujarier, sociologue spécialiste du travail, il faut rester très prudent.

Marie-Anne Dujarier : Ce qui paraît plus nouveau actuellement concerne la finalité du travail salarié, en période de grande transformation du climat, et de la biodiversité. De plus en plus de personnes se posent la question de l'utilité des tâches qu'on leur demande d'accomplir. Les enquêtes sociologiques le montrent. Pour autant, il n'est pas du tout certain que cela entraîne un phénomène massif, ou une immense vague de démissions, comme cela est annoncé partout ces derniers temps.

Piste 197. ⟩ Exercice 3 Comprendre des conversations et des annonces
Vous allez écouter une fois trois documents.

Document 1
Lisez les questions. Écoutez le document, puis répondez.

Journaliste : On les appelle « Les oreilles d'or ». Ce sont les experts du son. Leur métier repose sur leurs deux oreilles. Régulièrement, Jérôme Sueur, éco-acousticien au muséum national d'Histoire naturelle enregistre le paysage sonore d'une richesse unique. Plus que le comportement des espèces, c'est l'état de santé de l'écosystème qu'il surveille. Au cœur de la forêt dense des Nouragues, en Guyane, équipés de poncho de pluie, de GPS et d'un sac à dos, Jérôme Sueur et Guillaume Delaitre vont installer vingt-trois enregistreurs qui capteront de jour comme de nuit les sons de la jungle guyanaise. Plus qu'un catalogue des sons de la forêt équatoriale, ce qui l'intéresse, c'est la variété sonore.

Jérôme Sueur : En tant qu'éco-acousticien, je cherche à décrire, à caractériser un paysage sonore, savoir s'il est complexe ou pas, s'il y a beaucoup de sons, ce qui peut révéler une diversité importante et variable suivant les heures du jour. Plus que le comportement des animaux, c'est leur présence ou pas qu'on va enregistrer. On cherche à savoir s'ils sont là, quand ils sont là et où. On a peu d'informations, notamment sur la saisonnalité des oiseaux ou des autres espèces. C'est important, car on s'attend à des changements sur la saisonnalité. Avec le changement climatique, les saisons sont bousculées, notamment cette année où la saison sèche n'a pas eu lieu, et on voudrait savoir quels impacts ont ces changements sur ces paysages sonores ou sur les activités sonores des oiseaux.

Document 2
Lisez les questions. Écoutez le document, puis répondez.

Nous sommes chez Asphalte. Une marque créée en 2016 par William Hauvette. Le chiffre d'affaires atteint vingt-deux millions d'euros. La société emploie cinquante personnes. La communauté Asphalte compte cent mille clients. L'idée de départ ? Proposer des vêtements pour hommes, intemporels, solides et vendus sans intermédiaires et avec des marges faibles pour faire baisser les prix. La première étape est d'associer le futur client dès la phase de création avec des essayages de prototypes. Fort de son succès pour les hommes, Asphalte a décidé de se lancer dans la mode femme. Les clientes sont prêtes à attendre plusieurs semaines avant de recevoir chez elles leur achat. Pour éviter des stocks coûteux financièrement et dévastateurs pour la planète, ces jeunes marques ne fabriquent qu'à la commande. Le nouveau vêtement est donc à commander et à payer sur le site et le produit sera livré plus tard. Autre engagement : fabriquer le plus possible en France, et jamais en dehors de l'Union européenne. Pour Clément Maulavé, co-fondateur d'Hopaal, une autre marque, le maître-mot, c'est le recyclage. Il explique : « On récupère des anciens vêtements, des filets de pêche, des chutes de production, de la laine recyclée, du polyamide recyclé. Ensuite, tout est trié, nettoyé, broyé. Cela redevient de la fibre et le cycle recommence : un fil, un tissu, un vêtement. C'est une façon pour, d'un côté, réparer les erreurs de la surconsommation du passé et, de l'autre côté, créer des filières qui préparent le futur ».

Document 3
Lisez les questions. Écoutez le document, puis répondez.

Journaliste : Tom Chevalier, vous êtes chercheur au CNRS et spécialiste des politiques publiques pour la jeunesse en Europe. Nous allons aborder la question du vote des jeunes. Dans les médias, surtout récemment, quand on parle des jeunes, c'est pour condamner l'abstention. Les jeunes se sont effectivement peu mobilisés au cours des dernières élections. Comment cela s'explique ?

Tom Chevalier : Il faut analyser l'abstention des jeunes sous deux aspects. D'une part, la situation dans le cycle de vie et, de l'autre, l'année de naissance. L'effet « cycle de vie », c'est-à-dire que les jeunes sont dans une période de vie encore peu stabilisée, où les préférences politiques ne sont pas encore cristallisées. Avec le temps, la situation personnelle se stabilise (on grandit, on trouve un emploi, on se marie, etc.) ainsi que les préférences politiques. Ensuite, il y a « l'effet génération » lié à la date de naissance et, du coup, à la socialisation qu'on a eue pendant son enfance, sa jeunesse. Et là, on voit que les nouvelles générations ont une conception complètement différente de la démocratie, de la citoyenneté, donc de l'acte de voter. L'abstention des jeunes ne signifie pas qu'ils n'ont pas d'engagement politique ou qu'ils ne croient plus en la politique. Cela correspond plutôt à une conception différente du vote. L'idée, c'est « Je ne vote que si cela en vaut la peine ». C'est un droit plus qu'un devoir. Et c'est en cela que les nouvelles générations s'opposent à celles du baby-boom. Ces dernières votaient par devoir, parce que des personnes avaient combattu pour obtenir le droit de vote.

écoute, vous entendez le son suivant. Pour répondre aux questions, cochez la bonne réponse.

› Exercice 1 Comprendre les informations essentielles d'un document radiophonique

Vous allez écouter deux fois un document. Vous écoutez une émission à la radio. Lisez les questions. Écoutez le document, puis répondez.

Journaliste : Que ce soit par amour pour les vieilles pierres ou par passion pour un lotissement tout neuf, les Français restent très attachés au rêve de la petite maison. Symbole social pour les uns ou recherche de la tranquillité pour les autres, posséder sa maison et son petit jardin est un archétype très présent dans nos désirs d'habitat individuel. La moitié des logements en France sont déjà des logements individuels, mais faut-il continuer à en construire à l'heure de la crise écologique ? La construction de nos maisons aurait en effet de grosses conséquences négatives sur l'environnement et, à l'heure où l'étalement urbain ne cesse de prendre de l'ampleur, le modèle du pavillon est-il encore soutenable ? Pour en parler, nous sommes avec la journaliste Héloïse Leussier, l'urbaniste Sylvain Grisot et l'écologue Brian Padilla. La ministre du Logement, Emmanuelle Wargon, à l'occasion d'un discours, a affirmé que le modèle de maison avec un jardin autour n'est plus soutenable et qu'il nous mène à une impasse. Ses propos ont provoqué pas mal de réactions de la part de certains professionnels de la construction, mais aussi probablement de la part de Français qui ont ce désir d'achat de maisons individuelles. Est-ce que la ministre a quand même bien fait de souligner ce problème, Héloïse Leussier ?

Héloïse Leussier : Oui, la construction de maisons neuves pose un problème. Celui de l'artificialisation des sols, donc de la destruction d'espaces naturels, agricoles et forestiers. Chaque année, en moyenne, trente mille hectares sont artificialisés et 68 % de ces espaces ont été transformés pour construire principalement des maisons individuelles. En plus, on construit de plus en plus loin des centres, c'est ce qu'on appelle l'étalement urbain. À cela, il faut ajouter des infrastructures, des trajets en voiture, une autre source de pollution. Cela fait effectivement beaucoup d'impacts, ce qui n'empêche pas le secteur de bien se porter, hein ! La Fédération française du bâtiment a annoncé qu'en deux ans, les ventes de maisons neuves ont progressé de 16,3 %.

Journaliste : Bien sûr, il ne s'agit pas d'accuser ceux qui désirent une maison individuelle. Mais il faut sensibiliser ceux qui ont ce désir aux problèmes que cela pose, Sylvain Grisot.

Sylvain Grisot : Plus qu'un modèle urbain, ce pavillon représente un modèle de vie et, souvent, un ménage qui a des revenus normaux, par exemple dans une métropole, n'a pas d'autres solutions que celle de s'éloigner du cœur de la ville. En faisant l'acquisition d'un pavillon qui est trop loin, il devient dépendant de sa voiture, ou même de ses voitures. La question, ce n'est pas la maison, mais plutôt un modèle de production de la ville. Ce modèle pavillonnaire ne va pas dans le bon sens, il est tout à fait contradictoire avec les enjeux du siècle.

Journaliste : Brian Padilla, étalement urbain et artificialisation des sols, c'est la même chose ou pas du tout ?

Brian Padilla : En écologie, on dira qu'un espace est artificialisé quand il ne présente plus les caractéristiques d'un écosystème qui évolue librement, ou alors qu'il n'est plus géré de manière à favoriser la diversité du vivant. Dans ce cas, l'artificialisation est un processus d'appropriation et d'occupation humaines des espaces qui a des conséquences négatives sur le fonctionnement des écosystèmes. Et ça, il faut le différencier de l'étalement urbain parce que tout dépend en fait de comment on va s'étaler, comment est-ce qu'on va construire, comment on occupe l'espace.

🎧 Piste 196. › Exercice 2 Comprendre les informations essentielles d'un document radiophonique

Vous allez écouter deux fois un document. Vous écoutez une émission à la radio. Lisez les questions. Écoutez le document, puis répondez.

Journaliste : *Quiet quitting*, « démission discrète » ou « petite démission » en français. Voilà une des expressions de ces dernières semaines. Est-ce une réalité dans l'entreprise ? Apparu dans des vidéos publiées sur les réseaux sociaux, ce terme a été repris par des milliers d'internautes. Les salariés ne changent pas d'emploi, mais décident de s'économiser, de faire uniquement les heures de travail de leur contrat. Ils entendent ainsi repenser leur rapport au travail. Travailler, mais au strict minimum. Écoutons le reportage de Claire Chaudière.

Claire Chaudière : Elle assume, le regard déterminé... Il y a quelques années encore, Isabelle, cinquante-six ans, employée dans le secteur bancaire, était hyper-investie. Mais la surcharge et le manque de reconnaissance, dit-elle, l'ont amenée à prendre cette résolution radicale.

Isabelle : Je ne fais que ce qui est inscrit dans mon contrat de travail, dans les heures fixées par mon contrat. Ni plus, ni moins. Je ne prends pas d'initiative. Mais je fais mon travail correctement pour qu'on ne puisse pas me reprocher quoi que ce soit. Tout ça, c'est fini. Il y a tellement de gens qui se rendent malades pour leur travail. Ce n'est pas possible ! J'ai vu des collègues pleurer pour le travail. Plus jamais ça.

Claire Chaudière : Seules exceptions : ses missions syndicales, pour lesquelles Isabelle ne compte pas ses heures, et qui lui permettent de constater qu'elle n'est pas la seule à se détacher.

Isabelle : Autour de moi, beaucoup de gens disent « J'achète la paix ». Je me fais discret, je ne fais pas de bruit. J'arrive, je repars tôt. Ce n'est pas une ou deux personnes... Cela concerne pas mal de collègues, et tous âges confondus.

Claire Chaudière : Oscar, la trentaine, a lui aussi appuyé sur le frein depuis quelques années. Un début de carrière épuisant, des passions – le théâtre et la danse – trop longtemps sacrifiées et un questionnement plus profond, qu'il qualifie de générationnel... Tout cela, raconte ce technicien supérieur dans l'aéronautique, l'a poussé à dire stop.

Oscar : Maintenant, je sors systématiquement à dix-sept heures. Je ne ramène plus rien à la maison. C'est devenu mon sanctuaire, complètement dédié à mon développement personnel. Je peux enfin pratiquer mon art. Je veux vivre mieux. On n'est que de passage sur Terre. Et avec les enjeux climatiques, on a besoin de ralentir. L'important, c'est de vivre bien. Je ne culpabilise plus trop...

Claire Chaudière : Selon l'Association nationale des DRH, l'éloignement temporaire de l'entreprise causé par la crise sanitaire a effectivement accentué ces comportements. L'individuel a pris le pas sur le collectif. Une distanciation profonde s'est opérée pour certains. Cela donne des comportements du type « Je suis là, sans vraiment être là ». Forcément, les entreprises n'aiment pas trop ça. D'autant que

pour tout... Tenez, je vais vous faire goûter.
Touriste : Aaaah, je vois ! Écoutez, ce qui est sûr, c'est que nous, on va faire des tomates farcies.
Commerçante : Alors, prenez les Cœurs de Bœuf, ça ira très bien !
Client 1 : Moi, je vais prendre deux tomates Ananas, pour goûter... Je peux me servir ?
Commerçante : Oh oh, dites, dites... C'est pas en libre-service, ici, on attend son tour, on prend son temps, on profite du paysage...
Touriste : Elles m'ont l'air top, les Cœurs de Bœuf. Vous m'en mettrez deux kilos, s'il vous plaît.
Commerçante : Alors, on a dit deux kilos pour monsieur.
Touriste : Oh, dites donc, vos melons, ils sont magnifiques !
Commerçante : Pas qu'un peu ! On ne les ramasse que lorsqu'ils sont mûrs. À consommer rapidement, néanmoins. Attendez, je vais vous faire goûter... Tenez, vous allez voir, ils sont extra ! Vous n'en trouverez pas de meilleurs dans la région, vous pouvez me croire.
Touriste : Allez, juste un petit morceau... Humm, ah oui, ah oui, en effet... Parfait, mettez-m'en deux ! Les enfants seront contents !
Commerçante : Et voilà, ces deux-là sont bien mûrs, vous m'en direz des nouvelles ! Alors et ensuite, on avait dit des oignons et deux concombres.
Touriste : C'est bien ça, vous n'oublierez pas les œufs, une douzaine...
Commerçante : Ça marche. Et avec ceci ?
Touriste : Ça sera tout, je crois... Vous êtes là tous les jours ?
Commerçante : Non, monsieur, deux fois par semaine : le mercredi et le samedi à partir de huit heures. Le reste de la semaine, je tourne sur les autres marchés du coin. Et voilà l'addition, ça fait...
Touriste : Euh, attendez, attendez, faut que je fasse un dernier tour. Ah, je vais vous prendre une livre de nectarines, aussi.
Commerçante : Et cinq cents grammes de brugnons.
Touriste : Si vous préférez ! Tant qu'elles sont bonnes !
Commerçante : Il y en a six cents grammes, j'en ai un peu plus, là, je vous l'mets quand même ?
Touriste : Y'a pas de souci, c'est parfait.
Commerçante : Est-ce qu'il vous faudra autre chose ?
Touriste : Ce sera tout, cette fois !
Commerçante : Alors, pour le monsieur, ça nous fera un total de... 23,05. Allez, on arrondit à 23 euros.
Touriste : Et voilà 23 euros, je vous remercie, madame.
Commerçante : Mais, c'est moi qui vous remercie. Bonne journée, monsieur.
Touriste : Bonne journée, au revoir.
Commerçante : Au suivant ! Bonjour, monsieur, c'est à nous...

🎧 **Piste 194. Document 9**
À la gare.
Voix off : Votre attention, s'il vous plaît. En raison d'un bagage abandonné, le TGV Lyria numéro 7213 à destination de Bâle et desservant les gares de Dijon Ville et de Mulhouse Ville, départ initialement prévu à huit heures vingt-sept, est annoncé avec un retard de quarante-cinq minutes minimum. La SNCF vous prie de l'excuser pour la gêne occasionnée.
Voyageuse : J'ai rien compris... quarante-cinq minutes de quoi ??? C'est mon train qui est supprimé ? Vous avez compris, vous ? Monsieur, monsieur... MONSIEUR ! S'il vous plaît ! Monsieur le contrôleur, vous avez entendu l'annonce, excusez-moi, mais...
Contrôleur SNCF : Désolé, madame, je n'ai pas du tout le temps...
Voyageuse : C'est pour l'annonce, là, j'ai rien compris, le TGV pour Bâle, il est en retard, c'est ça ?
Contrôleur SNCF : Je peux pas vous dire, adressez-vous au guichet juste en face, ils pourront vous renseigner...
Voyageuse : J'en peux plus de la SNCF, aucun service, toujours en retard... ça me saoule.
Agente : Bonjour, madame, que puis-je pour vous ?
Voyageuse : Bonjour, madame, alors voilà, je crois que mon train est retardé, mais j'ai rien compris à l'annonce, là.
Agente : Où allez-vous, madame ?
Voyageuse : À Bâle, j'ai un...
Agente : C'est le TGV de huit heures vingt-sept ?
Voyageuse : Oui, c'est ça, huit heures vingt-sept.
Agente : Au final, il faut prévoir un retard de une heure trente.
Voyageuse : Une heure trente ? Mais ils viennent d'annoncer quarante-cinq minutes.
Agente : Moi, j'ai « une heure trente minutes », comme information. Avec les bagages abandonnés, c'est toujours...
Voyageuse : Alors, oui mais non... Pour le coup, ça ne va pas être possible... Je dois être à Bâle à quatorze heures impérativement, j'ai un rendez-vous... J'y serai jamais...
Agente : Je comprends, madame, mais...
Voyageuse : Il n'y a pas d'autres trains prévus sur ce trajet dans la matinée ?
Agente : Si... Il y a un autre train, mais avec une correspondance à Dijon.
Voyageuse : Je vais le prendre, vous pouvez me réserver une place ?
Agente : Attendez, je vérifie... Non, malheureusement ce TGV est complet. Je n'ai pas de solution à vous proposer avant douze heures trente-sept.
Voyageuse : Mais il y a bien des annulations, des personnes qui ne vont pas venir...
Agente : Je ne peux pas vous dire.
Voyageuse : Vous ne pouvez pas faire une exception ?
Agente : Dans les TGV, les réservations sont obligatoires.
Voyageuse : Mais je pourrais peut-être m'arranger avec le contrôleur ? Je peux voyager debout.
Agente : C'est impossible de monter à bord sans réservation...
Voyageuse : Eh bien, je fais une réservation.
Agente : Mais madame, le train est archi-complet, plus aucune réservation n'est possible.
Voix off : Le TGV Lyria numéro 7213 à destination de Bâle et desservant les gares de Dijon Ville et de Mulhouse Ville, départ initialement prévu à huit heures vingt-sept, est annoncé voie 18 avec un retard de quinze minutes. Nous invitons les voyageurs munis de leur billet à rejoindre leur voiture, voie 18.
Voyageuse : Mais non ! Mais c'est mon train... Quinze minutes de retard, c'est tout ? J'y comprends plus rien...
Agente : Oui, c'est bien ça, TGV 7213, quinze minutes de retard, voie 18. Dépêchez-vous, vous allez rater votre train.

DELF B2 - Compréhension de l'oral

🎧 **Piste 195.**
Vous allez écouter plusieurs documents. Avant chaque

vais regarder le planning. Monsieur Tabard, merci d'avoir patienté, en termes de disponibilités, je peux vous proposer le 30 octobre.
Arnaud : Vous n'avez rien avant ?
Damien : Si le 28, c'est un mercredi, vous serez chez vous ?
Arnaud : Ça dépend, vous passez à quelle heure ?
Damien : Entre huit heures et dix-sept heures. C'est un pavillon ?
Arnaud : Attendez, je ne vais rester toute la journée à attendre votre technicien, vous n'avez pas plus de précisions ?
Damien : C'est impossible, vous avez déjà beaucoup de chance d'avoir un rendez-vous si rapidement, en général c'est trois à cinq semaines d'attente. Vous ne pouvez pas laisser vos clés à un voisin ?
Arnaud : Non, mais c'est dingue, je vais pas… juste pour une installation technique, prendre une journée de vacances… Bon, allez, OK, entendu pour le 28, super !
Damien : Orange vous remercie de votre appel, au revoir, Monsieur.
Le robot : Afin d'améliorer ses services, Orange vous propose de participer à une enquête de satisfaction…
Arnaud : NON, JAMAIS !
Le robot : Merci d'avoir accepté. Sur une échelle de 1 à 10, comment jugez-vous…

🎧 Piste 192. Document 7
Un rendez-vous à la banque.
Sanna Häkkinen : Bonjour.
Employé : Bonjour. Comment puis-je vous aider ?
Sanna Häkkinen : C'est pour l'ouverture d'un compte.
Employé : Vous avez déjà rempli le formulaire en ligne ?
Sanna Häkkinen : Oui, et là j'ai les justificatifs.
Employé : Très bien. On va vérifier tout ça. D'abord, je dois retrouver votre dossier. Vous avez une pièce d'identité ?
Sanna Häkkinen : Mon passeport ?
Employé : Parfait. Merci… Sanna Häkkinen… Née le 21 mars 2000 à Tampere… C'est bon. Je vous ai retrouvée. Alors, qu'est-ce que vous avez comme justificatif de domicile ? Une facture d'électricité de moins de trois mois ?
Sanna Häkkinen : J'ai mon contrat de location.
Employé : D'accord… Il y a bien votre nom… OK, parfait. Et maintenant, votre RIB, s'il vous plaît, et aussi votre avis d'imposition.
Sanna Häkkinen : Mon quoi ? Je n'ai pas de « RIB », moi…
Employé : Pardon, votre relevé d'identité bancaire… R-I-B… Un document de votre banque, en Suède…
Sanna Häkkinen : En Finlande, vous voulez dire…
Employé : Pardon ?
Sanna Häkkinen : Finlande, je viens de Finlande.
Employé : Ah oui, la Finlande…. Euh, votre RIB ?
Sanna Häkkinen : Voici le document de la banque finlandaise. Il y avait quoi d'autre ?
Employé : Il me faut aussi l'avis d'imposition.
Sanna Häkkinen : Quoi donc ?
Employé : L'avis d'imposition. C'est le document qui dit combien vous devez payer d'impôts.
Sanna Häkkinen : Mais ça vous regarde pas, ça !
Employé : C'est pour lutter contre la fraude fiscale, toutes les banques le demandent à leurs clients.
Sanna Häkkinen : Des impôts ? Quelle idée ! Je suis étudiante, je paye pas d'impôts.
Employé : Au temps pour moi, je me suis trompé. Si vous êtes étudiante, en fait, c'est pas nécessaire. Alors votre banque finlandaise, c'est bien L'Aktia Bank. Et vos revenus ?
Sanna Häkkinen : J'ai cinq mille euros sur ce compte. Ça suffit pas ?
Employé : Mmmm. Oui, mais, quels seront vos revenus mensuels ?
Sanna Häkkinen : Je compte bien trouver un petit job.
Employé : Je vois. Le problème, c'est que vous avez demandé une Mastercard Gold et que, sans revenus réguliers, on ne pourra pas vous la donner. On peut ouvrir le compte. Mais il va falloir attendre un peu pour la carte.
Sanna Häkkinen : Oui, mais un compte sans carte… Moi, j'ai besoin d'une carte pour la vie de tous les jours, pour retirer des sous au distributeur.
Employé : Je sais bien… Mais, en attendant, vous pouvez utiliser votre carte finlandaise, peut-être ?
Sanna Häkkinen : Bah, je ne pensais pas, non. C'est pas donné…
Employé : Quand votre compte sera actif, vous pourrez demander une carte bleue « de base », avec des montants limités. Pour les achats quotidiens, ça devrait aller.
Sanna Häkkinen : Je ne peux pas avoir la carte tout de suite ?
Employé : Ça me paraît difficile, votre compte n'est pas encore ouvert, vous allez recevoir un courrier, il faudra d'abord approvisionner votre nouveau compte. Puis, on vous enverra la carte de crédit.
Sanna Häkkinen : Bah, zut alors ! En attendant, comment je fais, moi ?

🎧 Piste 193. Document 8
Au marché.
Commerçante : C'est à qui le tour ? Bonjour, madame, qu'est-ce qui vous ferait plaisir ?
Cliente 0 : Euh, non, pardon, allez-y, je regarde…
Commerçante : Bon, alors c'est à nous… Monsieur, qu'est-ce qu'il vous faut ?
Touriste : Bonjour, madame, je voudrais un kilo de…
Client 1 : Pardonnez-moi, mais j'étais là avant vous…
Touriste : Oh, désolé, pardon, je pensais que la queue commençait ici, pardon, allez-y, je vous en prie…
Client 1 : C'est pas grave du tout… Merci.
Commerçante : Bon… On va y arriver… Qu'est-ce qu'il vous faut, Monsieur ?
Client 1 : Je vais vous prendre… Oh, j'ai perdu ma liste de courses… Un instant, elle doit être au fond de ma poche…
Commerçante : Si ça vous ennuie pas, je sers monsieur en attendant ? Alors, qu'est-ce que ce sera ?
Touriste : Je vais vous prendre un kilo de tomates, une douzaine d'œufs et trois oignons, s'il vous plaît. Et deux concombres, aussi.
Commerçante : Oh là là… J'ai pas de tête, moi… Bon, alors des tomates pour commencer…
Client 1 : Vous avez bien raison, leurs tomates sont super ! Je ne jure que par elles !
Commerçante : Quelle variété de tomates il vous faudrait ?
Touriste : Qu'est-ce que vous me conseillez ?
Commerçante : Oh, ben ça dépend de ce que vous voulez faire ! Une ratatouille ? Une salade ? Une sauce tomate ? Nous avons des Cœurs de Bœuf, de la Saint-Pierre, de l'Ananas…
Touriste : Je vous demande pardon ? Vous avez des quoi ?
Client 1 : Des Cœurs de Bœuf, une variété ancienne… Tenez, regardez, c'est les grosses, là. Les Saint-Pierre, elles sont là, plus petites, c'est le grand classique des jardiniers !
Commerçante : Moi, si je peux me permettre, je vous conseille l'Ananas, la chair est ferme, vous pouvez l'utiliser

Stéphanie : Oui, c'est très exagéré, mais c'est pour vous faire comprendre.
Denis Abellan : Exactement, voilà ! Pour mieux se faire comprendre… Et cela s'appelle une hyperbole, et c'est une des principales figures de style : on exagère un peu, cent sept ans, toute une vie, pour bien se faire comprendre de son interlocuteur. Bon… Entrez cinq minutes dans mon bureau, je vais vous donner deux ou trois précisions… et vous indiquer des livres qui vont vous aider. Et la prochaine fois, vous poserez vos questions pendant le cours, comme ça, tout l'amphi profitera de vos hyperboles !

Piste 190. Document 5
Les vacances.

Kathy : Bon, les amis, il faut vraiment qu'on parle des vacances de cet été, le temps presse, on est déjà en mai… Il faudrait qu'on se mette d'accord au moins sur la destination.
Cristina : Oui, c'est clair…
Imaad : Et si on allait en Norvège ? Il paraît que c'est vraiment magnifique.
Adrien : Mais tu voudrais partir quand ?
Kathy : Moi ça m'est égal, je peux…
Cristina : Oh, il va faire froid en Norvège, même en été. Tu penses pas qu'on devrait plutôt profiter de l'été pour aller bronzer à la plage ? J'dis ça, j'dis rien, mais farniente, ça me plaît bien ! Moi, perso, j'pensais à la Turquie…
Kathy : D'après moi, la Turquie…
Adrien : Bof, non, la Turquie en été, ce sera une vraie fournaise. Est-ce qu'on s'est décidé sur la durée du séjour ?
Imaad : On avait dit une semaine ou bien dix jours…
Kathy : Non, c'est pas ça…
Imaad : Attends, laisse-moi terminer… À la base, on avait dit une semaine ou dix jours max si on part un peu loin.
Kathy : Absolument, je…
Cristina : Euh, dans mes souvenirs, on a dit plutôt dix jours… justement pour profiter d'une semaine complète, sans compter le voyage…
Kathy : Oui, on pourrait…
Imaad : Bon, et si on allait en Grèce ? Ça fait longtemps qu'on en parle…
Kathy : J'adorerais ! Sauf que…
Adrien : C'est une idée géniale ! Les plages, la culture, le soleil… Et en plus, si on s'y prend maintenant, ce sera moins cher ! T'en dis quoi, Cristina ? Tu fais une drôle de tête.
Cristina : Pourquoi pas… Mais on a déjà fait l'Italie l'année dernière, j'aurais bien aimé un pays un peu moins connu, genre…
Imaad : Rooh, t'es jamais contente, Cristina… Et toi, Kathy ? On ne t'entend pas !
Cristina : Non mais Imaad, comment tu peux dire ça ? Je suis toujours celle qui dit oui à la fin… Et ça, tu le sais très bien !
Adrien : Non mais quelque part, il a raison… Tu veux toujours partir au bout du monde… Alors que nous, on n'a que dix jours…
Imaad : C'est pas faux, ça… Bon, les amis, je vais devoir y aller, on a encore un peu de temps, mais faut se décider, là…
Adrien : Hé, attends une seconde, Imaad, laisse Kathy s'exprimer… On ne sait même pas ce qu'elle pense de tout ça.
Kathy : Non, non, pas de souci ! Pour moi la Grèce ou l'Ita…
Imaad : Non, mais qu'est-ce que tu insinues, Adrien ? Que je ne laisse pas les gens parler, c'est ça ?
Cristina : Il n'a pas tort…
Imaad : Non, mais sérieux ?!
Kathy : Et le Monténégro ? C'est sympa, c'est beau, c'est nouveau, il y a des belles plages…
Cristina : Oh, mais c'est une super idée, Kathy !
Adrien : Ah ouais, pas mal… Toujours en Méditerranée, mais ça change quand même.
Imaad : Excellent, ça, Kathy, pourquoi tu ne l'as pas proposé plus tôt ?
Cristina : C'est vrai qu'on ne t'a pas trop laissée parler…

Piste 191. Document 6
L'appel à un opérateur téléphonique.

Robot : Bonjour. Bienvenue chez Orange. Pour connaître le tarif de cet appel, et les autres mentions légales, dites « Tarif ». Votre appel concerne le 07 45 32 18 54 : oui ou non ?
Arnaud : YES ! Euh, oui.
Robot : Je n'ai pas compris… Votre appel concerne le 07 45 32 18 54 : oui ou non ?
Arnaud : OUI.
Robot : D'accord. En quelques mots, quelle est la raison de votre appel ? Si votre appel concerne un problème technique, précisez, si possible, le type d'équipement ou le service impacté. Pour une question commerciale, précisez l'offre concernée. C'est à vous.
Arnaud : Fibre, changer d'abonnement.
Robot : J'ai compris que vous appelez pour la fibre. Est-ce bien cela ? Oui ou non ?
Arnaud : Ouais, je veux installer la fibre.
Robot : J'ai compris que vous souhaitez résilier votre abonnement : oui ou non ?
Arnaud : Non, surtout pas ! Je… veux… la… FIBRE.
Robot : S'agit-il d'un problème technique ? Oui ou non ?
Arnaud : Euh, non.
Robot : Ne quittez pas, un conseiller va prendre en charge votre appel. Sachez que tous nos conseillers sont basés en France. Orange s'engage pour vous proposer le meilleur service et vous informe que, dans le cadre de sa démarche qualité, cet appel peut être enregistré.
Votre temps d'attente est actuellement estimé à huit minutes. Si vous souhaitez être rappelé, tapez 1. Sinon, restez en ligne, un conseiller va vous répondre.
Anne-Sophie : Bonjour. Anne-Sophie à l'appareil. Vous avez un problème technique avec votre box ?
Arnaud : Bonjour. Non, pas exactement… En fait, j'ai actuellement l'ADSL, et je voudrais passer à la fibre.
Anne-Sophie : Très bien, il faut d'abord savoir si la fibre est disponible sur votre ligne. Pour cela, il faut vous connecter à votre espace client. Allez sur la page « Mon compte », puis…
Arnaud : Non, mais pardon, je SAIS tout ça, hein. Je l'ai déjà fait. C'est la troisième fois que j'appelle. Je voudrais pouvoir mettre mon abonnement à jour pour avoir LA FIBRE. Ça fait trois semaines que j'essaie de…
Anne-Sophie : Ah ! C'est pour un changement d'abonnement, vous auriez dû me le dire tout de suite.
Arnaud : Vous plaisantez ?!
Anne-Sophie : Pour un changement d'abonnement vers la fibre, il faut programmer la visite d'un technicien… Ne quittez pas, je vous passe le service, quelqu'un va revenir vers vous. Au revoir, Monsieur.
Damien : Bonjour, Damien à votre écoute, merci d'avoir patienté, je vais vérifier votre nom, vous êtes Monsieur ?
Arnaud : Tabard, Arnaud Tabard. T. A. B. A. R. D.
Damien : Très bien… Monsieur Tabard. Alors, vous habitez… Le code postal, c'est le 14 140, c'est bien cela ?
Arnaud : C'est ça. J'habite à Auquainville, dans le Calvados.
Damien : Entendu. Restez en ligne, Monsieur Tabard, je

légèrement frisés, vous voyez… pour l'été, ce serait stylé.
La cliente : Pas question, vous rigolez ? J'ai toujours détesté les cheveux frisés, vous savez, rapport à ma mère. Du coup… on va juste faire un coup de peigne… Vous faites aussi les pointes et ça ira très bien… Vous pouvez remettre votre musique, c'était sympa.
Voix-off : *80 minutes plus tard.*
Stéphane : Magnifique, vraiment beau ! J'ai bien fait d'insister.
La cliente : Mouais… Je suis pas sûre… Faites voir derrière.
Stéphane : Si, si ! C'est très sympa.
La cliente : N'empêche, j'ai l'impression de ressembler à une femme des années 50…

🎧 Piste 188. Document 3
Un dîner chez des amis.

Ondine : Hello !
Élodie : Salut Ondine, comment tu vas, ma chérie ?
Ondine : Qu'est-ce que c'est tranquille, ici, à chaque fois, j'ai l'impression d'être à la campagne !
Élodie : Dis-donc, il est pas mal, ton sac !
Ondine : Tiens… Un petit bouquet !
Élodie : Mais, il est où, l'oiseau rare ? Ton prince charmant ?
Ondine : Laurent ? Il vient en voiture, il arrive.
Élodie : Merci pour les fleurs, des belles pivoines, je suis ravie. Mais entre…
Ondine : Je ne sais plus… Ça fait longtemps… On se déchausse ?
Élodie : Oh, c'est comme tu veux, à cause du jardin, nous on a pris l'habitude, mais tu peux garder tes chaussures, t'inquiète.
Ondine : Alors, tu as prévu quoi ?
Élodie : Viens voir…
Ondine : Wouah ! Du poisson… Mmmh !
Élodie : Au four, avec des petits légumes et des pommes grenailles. On a un super poissonnier sur le marché.
Ondine : Ça a changé ici…
Élodie : Le pain… Zut, le pain, j'ai oublié le pain !
Ondine : C'est pas grave… On peut s'en passer… Si tu veux, je peux demander à Laurent.
Élodie : Oui, merci, si tu peux l'appeler…
Ondine : Allô ! Laurent, tu m'entends ? Non, tu n'es pas en retard… Pas du tout. C'est juste, si jamais tu peux prendre du pain sur la route… Je sais pas… Deux traditions ? À tout de suite.
Élodie : Je vais chercher un vase…
Ondine : Je t'aide à mettre la table ?
Élodie : Oui, avec plaisir ! Tu peux prendre les grandes assiettes vertes dans le placard.
Et le boulot, ça va ?
Ondine : M'en parle pas, la fin de l'année, c'est toujours l'enfer, mais bon.
Élodie : Pfff, grave, moi c'est pareil… Vivement les vacances ! Vous devez être Laurent ? Je suis contente de vous rencontrer enfin ! Je suis Élodie !
Ondine : Salut, mon cœur, tu t'es garé facilement ? Alors voilà, c'est Laurent. Laurent, je te présente Élodie… la fameuse !
Laurent : Bonjour, Élodie, ravi de faire votre connaissance… Je suis vraiment désolé pour le retard. Voilà le pain. J'ai apporté ça, aussi…
Élodie : Oh, du vin, merci ! Il fallait pas, je vous ai déjà embêté avec le pain…
Laurent : Mais pas du tout, je vous en prie.
Élodie : On va se dire « tu », non ?
Ondine : Ben tu as apporté du rouge, pas de chance, y'a du poisson !
Élodie : Entre, Laurent, donne-moi ton manteau…
Laurent : Ah mince ! J'avais une chance sur deux… Ceci dit, c'est un vin de Loire, un rouge assez léger, tu pourrais l'essayer avec le poisson.
Élodie : Merci, Laurent, c'est sympa, on n'a qu'à l'ouvrir pour l'apéro ! J'avais prévu du blanc pour aller avec le bar. Je te fais visiter la maison…
Laurent : Volontiers…
Ondine : Ben, j'sais pas vous, mais moi je prendrais bien l'apéro d'abord !

🎧 Piste 189. Document 4
À l'université.

Nouria : On est bien au 4e étage… escalier D, bâtiment E… 421, 423… Voilà : bureau « D 425 », « Monsieur le professeur Denis Abellan, Département de Littérature ». Allez, il faut y aller… Vas-y, frappe à la porte.
Stéphanie : Ben vas-y toi-même, c'est toi qu'as eu l'idée d'aller voir le prof, en mode « Oh, je comprends pas… ».
Nouria : Toi non plus, tu captes rien aux figures de style, et les exams, c'est dans une semaine… Faudrait pas qu'on se plante.
Stéphanie : Ben on n'a qu'à s'y mettre ensemble : on va à la bibli, on fait ça pendant toute la semaine. Bon, c'est vrai qu'c'est pas simple, les trucs de style, là…
Nouria : M'en parle pas, j'suis deg. Je bosse comme une malade, en ce moment, et ça suffit pas. Enfin j'suis pas sûre qu'on s'en sorte toutes seules. J'ai fait plein de recherches sur Internet, j'suis même passée à la bibliothèque et franchement, j'ai perdu plus de temps qu'autre chose.
Stéphanie : Ouais, j'avoue… Mais tu vas lui dire quoi, au prof ? Genre « Bonjour, Monsieur, je suis votre cours depuis trois mois, mais excusez-moi, je pige que dalle à ce que vous racontez… » ?
Denis Abellan : Bonjour… Je peux vous demander de parler moins fort ? Je prépare mon cours et j'ai besoin de me concentrer.
Stéphanie : Oh pardon, Monsieur, excusez-nous pour le dérangement, nous reviendrons plus tard, nous sommes vraiment désolées.
Denis Abellan : Vous veniez me voir ? Nous avions rendez-vous ?
Nouria : Pas du tout, en fait, c'est-à-dire que… nous échangions au sujet du cours. Nous voulions éventuellement vous solliciter pour…
Stéphanie : En gros, c'est au sujet des figures de style…
Denis Abellan : Ah ! Les figures de style, j'entends bien… C'est bientôt l'examen… Je vous en prie… Je vous écoute… Qu'est-ce qui vous tracasse ?
Stéphanie : C'est-à-dire, Monsieur… Pour être honnête, je n'arrive pas à identifier les figures de style, en fait. Et je dois reconnaître que je les confonds un peu toutes.
Nouria : C'est exactement ça… J'ai l'impression que je pourrais passer cent sept ans à l'université sans jamais réussir à…
Denis Abellan : Ben voilà… Vous pouvez répéter ce que vous venez de dire ?
Nouria : Ben on n'y arrive pas, quoi…
Denis Abellan : Non, non… exactement ce que vous avez dit.
Nouria : Euh, cent sept ans à étudier… Tout ça.
Denis Abellan : Oui, exactement, « cent sept ans ». C'est un peu long, non ?

Extrait 5 *C'est que du bonheur*, Arrangeur : Alfredo COCA ANTEZANA, STROMAE / Sous-éditeur : SONY MUSIC PUBLISHING (FRANCE) / Compositeur : Henry William DURHAM / Éditeur : SONY MUSIC PUBLISHING (UK) LTD, MOSAERT LABEL SPRL / Compositeur-Auteur : STROMAE / Interprète : STROMAE

Allez-y, faites des gosses
Tu verras, c'est qu'du bonheur
Tu verras, c'est d'la joie
Les pleurs et les sautes d'humeur
Et puis tu défieras papa et puis tout l'reste
Tu verras, c'est qu'du bonheur

Leçon 3

Envisager le bonheur

▶ 01 **Activité 5**

Dans mon pays, au Danemark, le bonheur fait partie de notre quotidien… Et on fait tout pour le cultiver ! On soigne nos intérieurs : on allume des bougies, on prend soin de la décoration de nos appartements. On aime les ambiances chaleureuses, surtout l'hiver, lorsque le soleil se couche très tôt ! Rien ne vaut un fauteuil confortable, un plaid chaud et un bon livre ! Chez nous, ce sentiment de bien-être est appelé le « hygge ». On apprécie aussi de se retrouver à l'extérieur, entre amis, en terrasse ou dans un parc. C'est vraiment essentiel pour nous de profiter des belles choses avec ceux qu'on aime. Pour nous, le bonheur, c'est un art de vivre !
Et chez vous ? Que fait-on pour être heureux ? Comment mesurez-vous le bonheur dans votre pays ?

🎧 **Piste 005. Document 3**

Eotopia, donc pour nous l'idéal de ce projet, ce serait un lieu… où il y aurait un certain nombre de personnes qui vivraient, donc ce sera pas plus de cent, c'est sûr. Parce qu'une économie du don, ça demande de la confiance, donc pour qu'il y ait de la confiance, faut que les gens se reconnaissent un minimum. Tu peux pas faire confiance à quelqu'un que t'as jamais vu. Ce serait un lieu où il y aurait des habitations. Chaque groupe, chaque famille aurait une maison à elle ou pourrait partager une maison. Et donc une maison, bien entendu, l'idéal, ce serait écologique, en terre crue, en paille, en peaux. J'aimerais qu'on puisse expérimenter plusieurs types et donc à côté de cet endroit où il y aurait les maisons habituelles, un autre endroit qui serait un endroit commun où beaucoup de gens pourraient venir de l'extérieur pour passer deux, trois jours, une semaine, même un mois. Nous, on ouvrirait le lieu et on ferait en sorte que le lieu tourne, fonctionne pour que d'autres gens puissent apprendre d'eux-mêmes en expérimentant. Ça, ce serait l'idéal. Que Eotopia soit un lieu d'expérimentation pour tous avec un noyau de vingt, trente, quarante, cinquante personnes et que, que, que tout fonctionne. Et donc ce serait un lieu végétalien, idéalement, parce que la diète végétalienne pour nous, donc, c'est aussi une question de conviction, on pense que c'est un régime adapté à l'homme, biologique, comme le régime du chimpanzé ou du gorille, que c'est un régime très écologique dans le sens quand il est lo…, quand il est effectué local. Donc un lieu d'économie du don. Donc, pas d'argent, pas d'échanges monétaires entre les gens et, si possible, pareil, une économie du don ouverte à l'extérieur. Ça veut dire que si on est dans une commune, on aimerait pouvoir faire des paniers de légumes qu'on donnerait aux gens qui en auraient besoin. Qu'on offrirait nos services aux personnes âgées : pour aller leur rendre visite, passer un peu de temps avec eux. On pourrait faire une garderie, que les gens, parce qu'il y a beaucoup de problèmes dans les villages avec ça, qui pourraient amener leurs enfants, et puis nous on aurait un établissement, on les recevrait, on s'occuperait d'eux dans la journée, on leur donnerait un repas, etc. S'occuper du recyclage, de faire des tournées pour récupérer toutes les poubelles des gens et puis nous, faire le recyclage, récupérer ce qui pourrait nous être utile et puis essayer de faire en sorte que les communes, ce serait une commune où il y aurait un *zero waste*, avec le moins de poubelles possible, de rendre des services à la commune, donc aussi de donner, pour que la commune aussi comprenne que ben on est avec eux et puis que, si eux, ils veulent nous donner des trucs, le droit par exemple d'avoir l'électricité, au cas où, le droit d'avoir Internet, ce serait bien. On veut pas se fermer pour dire que là sans don, non, on aimerait que ça sorte. Nous ce qu'on aimerait, c'est que la municipalité nous laisse, nous donne une sorte de permis d'expérimentation. Qu'on leur dise, eh bien, laissez-nous pendant quelques années, on va essayer de vivre dans ces habitats-là, on regarde ce que ça donne, on voit comment ça fonctionne. En même temps, on est en économie du don donc on voit comment est-ce qu'on arrive à être ensemble. On ouvre le projet pour que les écoles viennent nous voir, les universitaires, enfin que ce soit un projet ouvert. Donc cette expérience peut bénéficier à des études et tout ça. Ben oui, on aimerait vraiment… Nous, on se propose comme cobayes, pour faire un laboratoire sur ces expériences et la seule chose qu'on demande, c'est d'avoir le droit de le faire.

Leçon 4

Techniques pour… présenter et recommander un film

🎧 **Piste 006. Document 1**

Betty : Tu veux regarder quoi, comme film ?
Charlotte : Je sais pas… Regarde le programme… Ah tiens, il y a *Les Demoiselles de Rochefort* sur *Arte* ! Tu connais ?
Betty : Non, je l'ai pas vu, mais je crois que j'en ai entendu parler.
Charlotte : J'adore ! J'ai dû le voir au moins cinq fois ! Peut-être plus, je sais pas. Tu sais, c'est une comédie musicale de Jacques Demy, des années soixante… 1967, je crois !
Betty : Oui, oui, ça me dit quelque chose.
Charlotte : Oui, il est très connu. C'est avec Catherine Deneuve et Jacques Perrin. Ces deux acteurs sont géniaux ! Catherine Deneuve est charmante. Elle est très convaincante, très naturelle. Elle arrive à passer de la fantaisie à la réalité avec naturel, ça a l'air très spontané. Et Jacques Perrin joue très bien le marin romantique, qui attend l'amour. Son jeu est plus subtil.
Betty : Ah oui ? J'aime bien Catherine Deneuve. C'est quoi l'histoire, déjà ?
Charlotte : Alors, c'est l'histoire de deux jumelles. Elles habitent Rochefort et rêvent de trouver le grand amour et d'aller à Paris. Une veut être danseuse, l'autre veut être musicienne.
Betty : Mmh, oui oui.
Charlotte : Et tu dois sûrement connaître quelques chansons, elles sont célèbres ! La musique est de Michel Legrand. Vraiment, c'est un classique ! L'atmosphère est très travaillée, les plans et les mouvements de la

caméra sont fluides, il y a plein de couleurs. Chaque scène ressemble à un tableau. C'est sensible, lumineux... Franchement, c'est chouette ! C'est tellement gai !
Betty : Dis-donc, tu l'aimes bien, ce film !
Charlotte : Ouais, c'est vrai ! Et puis le réalisateur fait plein de références aux comédies musicales américaines, qu'il reprend avec beaucoup d'intelligence et d'humour.
Betty : Allez, tu m'as convaincue, mettons *Arte* ! Je te sers quelque chose à boire ?

Techniques pour... la médiation : se mettre d'accord

Piste 007. Document 2
Arnaud : Alors, on va au cinéma ?
Inès : Oui, mais on reste dans le quartier. Allons à l'UGC Odéon, il y a souvent des bons films et pas mal de choix, là-bas !
Arnaud : D'accord. Mais, s'il vous plaît, pas de film américain.
Inès : Pas de film américain ? Pourquoi ?
Arnaud : Parce que j'en ai vu deux ce mois-ci ! Par contre, ça fait longtemps que j'ai pas vu de films français. Je veux bien tous les genres : science-fiction, animation, polar... mais pas américain.
Fabio : Et moi, je suis pas contre un film américain. En revanche, je préférerais ne pas voir de comédie romantique. Ça m'ennuie.
Hanae : Alors, moi, je voudrais bien voir quelque chose avec un grand acteur, une star, quoi ! Mais pas de film d'horreur. C'est vraiment pas mon truc. Et pas un film trop long.
Fabio : Je suis d'accord. Maximum deux heures.
Inès : OK... voyons un peu ce qu'on a.... Il y a une comédie française : un ancien policier se retrouve avec cinq ados déscolarisés sur son bateau pour une traversée de la Méditerranée.
Fabio : Ouais... pas mal. Je sais pas.
Arnaud : Un film français d'accord, mais pas non plus n'importe quoi.
Inès : Attends. Ah ! Et... Il y a le nouveau *Top Gun*... Hum... Deux heures onze. Pete « Maverick » Mitchell forme un détachement de jeunes pilotes pour une mission spéciale. Pourquoi pas... Mais, j'ai pas vu le premier.
Hanae : Les avions, Tom Cruise... Je suis pas sûre.
Arnaud : Mouais... Je l'ai déjà vu. Sinon, il y a une comédie avec Javier Bardem. J'aime bien Javier Bardem. C'est l'histoire d'un patron qui essaie de sauver son entreprise.
Inès : On peut voir *Buzz l'éclair*... C'est un film d'animation... Une heure quarante-cinq, c'est cool ça.
Arnaud : Bon, si chacun veut un film différent, je sais pas comment on va faire pour se mettre d'accord. On perd du temps, là. C'est sûr que vous voulez voir un film ?

Langue & S'entraîner

Pistes 008 à 015. Vocabulaire
→ *Voir manuel page 25.*

Piste 016. Activité 8
Ex. : Tous les habitants vivraient en paix.
a. Les gens auraient les mêmes droits. • **b.** Personne ne mourrait de faim. • **c.** Il n'y aurait pas de guerre. • **d.** On ferait tout ce qu'on veut. • **e.** Chacun respecterait la loi. • **f.** Nous prendrions le temps de faire les choses. • **g.** L'esprit de tolérance règnerait.

Pistes 017 à 022. Vocabulaire
→ *Voir manuel page 27.*

Piste 023. Phonétique
Les groupes rythmiques → *Voir manuel page 28.*

Piste 024. Activité 10
→ *Voir manuel page 28.*

03 Culture(s) vidéo
Travail : faut-il un chef du bonheur ?
Myriam Mascarello : Bonjour et bienvenue dans *Le gros mot de l'éco*. Nous voici à La Défense, le temple parisien du « métro, boulot, dodo ». Tous les matins, cent quatre-vingt mille salariés foulent cette dalle de béton. Alors, sont-ils heureux au travail ? L'institut Ipsos a posé la question à mille personnes dans quinze pays différents. Résultat, les Français n'arrivent que douzième, loin derrière les Indiens, les Mexicains et les Américains. Le bonheur est-il un accélérateur de performances et qu'est-ce qui rend heureux au travail ? Nous vous avons posé la question.
Le bonheur au travail, qu'est-ce que c'est ?
Femme 1 : Ce qui rend heureuse au travail ? Ben, c'est la bonne convivialité avec mes collègues. Le fait de pouvoir partager même la vie personnelle au travail.
Femme 2 : Il y a deux facteurs pour moi qui sont importants. C'est le fait que l'on sente que ce que l'on fait est utile et, le second critère, c'est les personnes avec qui on travaille et qui, pour moi, est presque aussi important que le contenu de ce qu'on fait.
Homme 2 : Le bonheur est forcément l'affaire de l'entreprise parce que plus un employé est heureux, plus il va travailler. Alors, qu'en dit la science ?
Journaliste : Bonjour Thibaut Bardon.
Thibaut Bardon : Bonjour.
Journaliste : On parle de bonheur au travail en ce moment, c'est un terme très à la mode dans le monde de l'entreprise, il y a même un métier : *chief happiness officer*, chef du bonheur. Depuis quand on parle de ça ?
Thibaut Bardon : Alors, la notion de bonheur au travail, elle est apparue dans les entreprises au début des années 2000, on dit que le premier *chief happiness officer* est apparu chez Google. Ça peut, ben, se matérialiser par des attentions au quotidien auprès des salariés, ça se matérialise aussi par tout un folklore, du mobilier coloré, on a la caricature du baby-foot, ça peut être aussi des événements sociaux. Après le travail, prendre un apéro avec ses collègues, donc on développe finalement des relations personnelles avec ses collègues.
Journaliste : Le pari de ces gens finalement c'est de dire, le bonheur est un facteur de performance, c'est ça ?
Thibaut Bardon : C'est cette idée qu'un salarié heureux serait nécessairement un salarié plus performant.
Journaliste : Comment étaient organisées les entreprises avant qu'on parle de bonheur ?
Thibaut Bardon : Le monde bouge plus vite, il y a plus de concurrence avec la globalisation des activités. Deuxième critique, c'est de dire ben finalement, est-ce que l'entreprise ne peut pas être un lieu d'épanouissement aussi ?
Journaliste : Qui va déboucher sur ce qu'on va appeler l'entreprise libérée, c'est ça ?
Thibaut Bardon : C'est vraiment cette idée qu'il faut libérer les énergies en interne, donner de l'autonomie aux salariés et, en même temps, avoir des modes de fonctionnement qui sont quasiment anti-bureaucratiques, ça veut dire

quoi ? Hyper décentralisés, hyper horizontaux avec de l'*empowerment* donc de la responsabilisation. Donc on voit qu'on est à l'opposé finalement de ce qui préside dans l'entreprise bureaucratique.

UNITÉ 2 Sommes-nous prisonniers de notre apparence ?

Leçon 5

Raconter une discrimination

▶ 04 Activité 4

J'habite en Argentine et j'avais vingt-quatre ans lorsque j'ai fait mon premier tatouage. J'avais de bons résultats à la fac, mais je m'ennuyais, donc je dessinais beaucoup. Je dessinais tout le temps le même motif, c'est devenu une obsession ! Je me suis donc retrouvé chez une tatoueuse avec mon dessin. J'avais bien réfléchi et je savais très bien que le dessin que j'avais choisi ne partirait plus. J'étais si fier de l'avoir fait. Aujourd'hui, il me rappelle un bout de mes années étudiantes, heureuses – un coup de folie que je ne regrette pas. En Argentine, les tatouages sont très à la mode. Les célébrités l'ont banalisé. C'est beaucoup moins choquant qu'avant.
Et vous ? Que pensez-vous des tatouages ? Comment sont-ils considérés dans votre pays ?

🎧 **Piste 025. Document 3**

Mamadou : Ils sont au courant de ces contrôles au faciès, on peut pas les nier, on peut pas dire « y'en a pas ». On peut pas vivre comme si de rien n'était, comme s'il se passe rien dans nos quartiers populaires ou en France. Moi, je m'appelle Mamadou, j'ai vingt-trois ans et j'habite à Épinay-sur-Seine.
Zakaria : Moi, je m'appelle Zakaria et j'ai vingt-trois ans.
Mamadou : Cette affaire, elle s'est déroulée en 2017. On était en terminale et on revenait d'une sortie pédagogique à Bruxelles avec notre classe.
Zakaria : On est arrivés sur le quai de la gare du Nord. Ben, il y avait trois policiers, ils étaient devant un panneau publicitaire. Ils nous ont tirés, ils nous ont mis sur le côté. Ils ont commencé à ouvrir nos valises, ils ont touché à nos biens, ils ont tout sorti devant tout le monde. Après, ma prof, elle est arrivée, elle a demandé aux policiers : « C'est quoi, le problème ? ». Les policiers y voulaient pas lui répondre.
Mamadou : Moi, j'ai trouvé que ça, c'était une atteinte à la dignité d'une personne.
Zakaria : Quand j'ai vu qu'ils ont contrôlé que deux noirs et un Arabe, ça a tilté dans ma tête, je me suis dit : « Mais en vrai, c'est ça, c'est ça en vrai, c'est discriminatoire. » En fait, c'est grâce à ma prof, elle m'a appelé, elle m'a dit : « Ouais, c'est grave ce qui vous est arrivé, moi je vais déposer une plainte, est-ce que tu me suis ? » Ben moi, je lui ai dit : « Non, je veux pas de problème moi, c'est bon. » Parce que dans ma tête, c'était un contrôle, contrôle banal, comme quand je me faisais contrôler dans la cité.
Mamadou : Moi, quand je me faisais contrôler avant, je trouvais pas ça normal, mais je fermais les yeux sur la normalité, en fait. C'est-à-dire même le terme « contrôle au faciès », c'est un mot que j'ai connu après. Pareil, « contrôles discriminatoires. » Je savais c'était quoi la discrimination, mais je m'étais… je faisais pas le lien

entre le contrôle et la discrimination.
Journaliste : Trois lycéens attaquent aujourd'hui l'État. Ils sont scolarisés en Seine-Saint-Denis. Mamadou, Ilyas et Zakaria, ce sont leurs prénoms, dénoncent une discrimination, un contrôle au faciès.
Mamadou : La première décision de justice, elle a été négative.
Zakaria : Dans ma tête, j'avais les phrases des gens que je connais qui me disaient : « C'est impossible de gagner contre l'État », ça veut dire, ça me mettait plus la rage, un peu.
Mamadou : On fait appel. Un mois plus tard, on a eu la réponse.
Zakaria : Je sortais du travail, ma prof m'a appelé. Elle a commencé par « Félicitations ». Ça veut dire que moi, j'avais compris, mais j'ai fait comme si j'avais pas compris. J'ai dit : « Pourquoi Madame ? » et elle me dit : « Ça tourne sur Internet, vous avez accusé l'État pour faute lourde et vous avez eu une réponse positive. » Jusqu'à que j'arrive dans mon quartier, c'est là que j'ai commencé à crier. J'ai vu tous mes potes, j'ai dit : « On a gagné ! Ouais, on a gagné ! »
Mamadou : La fierté est l'aboutissement d'un long travail. Ces contrôles au faciès, ils sont là, ils sont visibles et on ne peut pas les nier, on ne peut pas chercher d'excuses. Et en gros, moi, c'est ça qui m'a fait plaisir, qu'enfin, je ne veux pas dire qu'ils ouvrent les yeux, parce que ces contrôles au faciès, ça fait longtemps qu'ils sont là, mais voilà, qu'ils les assument. Et qu'il y ait des condamnations et des changements.
Zakaria : Tout le monde peut voir que les jeunes du 93 ne sont pas vus comme des vendeurs de drogues ou des voleurs, mais y'en a qui en ont dans la tête et qu'ils peuvent faire changer les choses.
Mamadou : Battez-vous pour vos droits. Si vous pensez être victime d'un contrôle discriminatoire, n'hésitez pas à contacter des spécialistes. Il y a des avocats, il y a des associations. La devise de la France, avant tout, c'est Liberté, Égalité, Fraternité. Et je pense que, parfois, cette devise, elle est bafouée et c'est pas normal. Il faut tout faire pour la remettre en place.

Leçon 6

Imaginer l'humain du futur

🎧 **Piste 026. Document 2**

L'histoire nous montre souvent comme tout change. Même nous, nous avons énormément évolué physiquement. Il y a plus de trois millions d'années, l'australopithèque était beaucoup plus petit, crâne compris. Et il y a peu de points communs entre un beau gosse de notre époque et ce beau gosse de Néandertal au crâne un peu aplati, aux dents moins blanches, mais dures comme du béton, et musclé à n'y pas croire. « Oh là là, oui, dis donc, il est musclé votre néandertal-là : il s'appelle comment ? » Ah ben je sais pas. « Néan, néan, néan… » Même sans compter par milliers d'années, la taille moyenne évolue au cours de l'histoire. De un mètre soixante-quatorze au début du Moyen Âge, elle perd six centimètres au milieu du Moyen Âge.
Ces cent dernières années, elle a augmenté de douze centimètres, avec un mètre soixante dix-huit pour les Français et un mètre soixante-quatre pour les Françaises. Des chercheurs attribuent ces variations à divers critères. L'alimentation plus ou moins saine, les maladies plus ou moins nombreuses, le climat aussi : on serait plus petit quand il fait froid. Pour le futur, des scientifiques annoncent des

changements assez épatants. Certains annoncent la fin des dents, plus utiles, parce qu'on mâche de moins en moins dur. D'autres qu'on sera de moins en moins poilu avec une tête de plus en plus grosse parce que de plus en plus sollicitée. Et on devrait grandir encore un peu. « Dites… » Oui ? « Vous pensez qu'ils mangeront autant que mon dernier, les gosses du futur ? » Ah bah ça ! « Parce que celui-là, il vaut mieux le voir sur Instagram que de l'avoir en pension, hein ! » Bah, y'aura toujours des ados dans le futur. « Avec des grands pieds aussi ? » Ah bah évidemment ! On n'arrête pas l'histoire ! « Oui mais, en attendant, il peut quand même ranger sa chambre ! »

Leçon 7
Parler de son apparence

Piste 027. Document 3

Aujourd'hui, j'aimerais vous parler d'un objet qui m'est devenu essentiel depuis un mois : mon jogging. Ce sujet, enfin cet objet, vous semblera peut-être trivial, indigne, et même vulgaire. Mais peu importe, c'est indéniable, il a pris une place incontournable dans mon existence […].
Cet habit mal-aimé, moqué et pourtant ultra plébiscité, reste l'informe par excellence. À la différence d'autres vêtements de ce type, il ne semble pas avoir été conçu pour faciliter une activité physique […]. Toutefois, à signaler : ils ont des poches, ils sont resserrés à la taille et aux chevilles, évitant de tomber ou de traîner, se faisant ainsi parfaitement oublier. Et enfin, pour que le tableau soit complet : ils sont en coton, et pas en matière synthétique. […] Mais quand j'y pense, c'est-à-dire quand je me regarde dans une glace, je ne peux pas m'empêcher de m'interroger : comment cet habit, qui a tout de l'ami qui tire vers le bas, voire de la mauvaise fréquentation, serait-il donc devenu mon meilleur allié ? Pire, comment ce bout de tissu, banal, mou, gris, en un mot : négligeable, serait-il devenu cette partie de moi, et même un élément fondateur de ma personne ? Là est tout le paradoxe : comment ce vêtement informe est-il pourtant ce qui informe désormais toute mon existence ?
Le jogging est d'abord une pratique sportive. Si vous tapez « jogging » sur Internet, c'est donc d'abord sur la course à pied que vous tomberez. Ce n'est que par métonymie que le vêtement que l'on porte pour courir s'est ainsi appelé comme ça. Le jogging, soit, à la base, le vêtement confortable permettant une activité physique optimale. Pourtant, je ne sais par quelle opération, le jogging est aussi devenu le symbole inverse : c'est le vêtement confortable qui, précisément, permet une non-activité optimale. S'habiller en jogging est donc souvent mal vu : c'est un habit du week-end, pour rester à ne rien faire. Et ceux qui en ont fait leur uniforme, quand ils ne sont pas prof d'EPS, seraient ainsi des paresseux, des mous, voire des losers. Bizarrement, donc, ce vêtement dont le tissu était l'idéal pour bouger, est devenu le pire emblème de l'inactivité. Le signe de la mollesse et, par extension, du laisser-aller et même de la défaite… Me voici donc, en jogging, devant ma glace, à me juger et à me dire que : si un tissu informe informait mon existence, alors peut-être étais-je devenue moi-même informe. Mais après tout, pourquoi pas ? Est-ce que ce serait si grave que ça d'être molle ? Et surtout de se laisser aller ?
On fait beaucoup du vêtement une sorte d'armure entre soi et le monde ou, au contraire, un pont, une manière de se présenter, de se montrer. C'est une interface, quoi qu'il en soit, que l'on porte autant qu'elle nous porte, qui nous cache autant qu'elle nous révèle. Avec le jogging se passe pourtant quelque chose de fou : on choisit précisément de ne pas être porté, de n'avoir aucun maintien, et même aucune tenue, ni caché ni révélé. En fait, en mettant un jogging, on ne choisit pas ce qu'on est ou ce qu'on devrait être. Ce n'est pas de la paresse ou de la mollesse, c'est juste… de l'indétermination. Et l'indétermination, l'informe, là est le réconfort : un réconfort gratuit, pur, sans fonction, qui ne repose sur aucun geste ni aucun appel. Qu'on est bien dans son jogg, dommage qu'il faille bientôt se rhabiller et redevenir quelqu'un aux yeux du monde.

Leçon 8
Techniques pour… participer à une discussion

Piste 028. Document 1

Extrait 1
Gérard : Bonsoir !
Isabelle : Salut, Gérard !
Amina : Salut, ça va ?
Gérard : Oh, pas mal, et toi Amina ?
Amina : Oui, très bien, merci !
Gérard : Et toi, Isabelle ?
Isabelle : Ça va… Un peu fatiguée, je me suis couchée tard hier, j'ai été happée par un reportage à la télé, qui parlait de l'embauche en France.
Gérard : Et alors, qu'est-ce qu'il disait ?
Isabelle : Eh bien, il parlait de la discrimination à l'embauche et le fait que choisir une candidate ou un candidat sur son apparence, c'est illégal. Mais on le constate malheureusement assez fréquemment. Pour vous, c'est acceptable ça, d'embaucher quelqu'un en fonction de sa beauté ?
Amina : Ah ça, ce n'est jamais acceptable ! On embauche quelqu'un pour ses compétences, pas pour son apparence. C'est-à-dire ce qu'il ou elle sait faire.
Gérard : Heu… Alors, oui, je suis assez d'accord avec toi, Isabelle. En principe, c'est illégal… Mais dire que ce n'est JAMAIS acceptable, c'est un peu… hum… radical. Dans certains cas, l'apparence compte.

Extrait 2
Gérard : Alors, pour toi, Isabelle, c'est du sexisme ?
Isabelle : Absolument ! Quand on regarde l'histoire du travail, on voit surtout les recruteurs hommes embaucher des jeunes femmes pour faire joli, à des postes d'accueil, comme… heu… les secrétaires réceptionnistes, les serveuses… C'est insupportable, que certaines femmes soient exclues de ces métiers-là, non ? Autrement dit, celles qui ne sont plus très jeunes, celles en surpoids, les femmes trop grandes ou trop petites… Bah…, elles travaillent pas ?
Gérard : Certes… Un bon recruteur doit choisir le futur salarié surtout pour ses compétences, ses qualifications, c'est vrai, mais, quand c'est un poste de contact avec la clientèle, il faut bien prendre en compte l'apparence. Je regrette, mais l'image de l'entreprise est en jeu.
Isabelle : Je suis pas d'accord. Ça ne devrait pas être une… une question d'apparence, c'est plutôt la compétence de communication qui compte.

Extrait 3
Isabelle : Contrairement à ce que tu dis, Gérard, le problème

est très important. Dans le reportage, ils ont recueilli pas mal de témoignages de femmes. Eh bien, ils ont pu constater que beaucoup sont victimes de discrimination et ne portent pas plainte. Donc, les statistiques ne reflètent pas la dimension du problème. Et en plus…
Gérard : Je ne dis pas qu'il n'y a pas un problème important, Isabelle, je dis juste que heu… l'apparence est… comment dirais-je… quelquefois… heu… un critère important.

Extrait 4
Gérard : Oui, oui, je comprends que ça puisse vous énerver. Mais, même si l'employeur essaie de ne pas faire la différence, c'est hélas, inconscient…
Amina : C'est dingue ! Tu essayes de trouver des excuses pour une pratique illégale. Pourquoi le patriarcat….
Isabelle : Attends, attends, je te coupe. Gérard, tu peux nous donner un exemple ?
Gérard : Eh bien, il m'est arrivé il y a quelques années une histoire intéressante. Heu… Je… Je travaillais dans une entreprise qui cherchait des commerciaux.
Isabelle : Hum… hum…
Gérard : La DRH était très motivée par les questions féministes. Pourtant, au bout du compte, elle n'a pris que des hommes beaux…
Amina : Eh voilà ! C'est vraiment dommage que la discrimination soit encore si présente, que ce soit pour les hommes ou pour les femmes… Ça m'attriste énormément.

Langue & S'entraîner

Pistes 029 à 035. Vocabulaire
→ *Voir manuel pages 39 et 40.*

Piste 036. Activité 5
1. Une association étroite entre deux organismes différents. • 2. Un membre de remplacement qui restaure les mouvements grâce à un moteur. • 3. Un squelette externe aidant à exécuter certaines tâches mécaniques. • 4. Le degré de sensibilité d'un sens. • 5. Un très petit objet inséré dans un corps humain.

Pistes 037 à 040. Vocabulaire
→ *Voir manuel page 41.*

Piste 041. Phonétique
Les liaisons → *Voir manuel page 42.*

Piste 042. Activité 9
→ *Voir manuel page 42.*

▶ 06 Culture(s) vidéo
Le TikTok de Mademoiselle Imanne
Déjeuner pro ce midi. Je vais me préparer avec vous. J'ai envie de mettre une robe que je vais porter plutôt en jupe parce que j'ai envie de rajouter un truc par-dessus. J'hésite entre cette robe ou cette robe. Ça, à vue d'œil, ça a l'air d'être à peu près les mêmes sauf, je crois qu'il y en a une un peu plus courte que l'autre. Et je me dis pour un déjeuner pro, pas trop court quand même. Bon, je suis partie finalement sur la robe la plus longue même si en vrai, ça reste un déjeuner pro assez *chill*. Je me dis que je serai plus à l'aise dans la plus longue que dans la plus courte. À la base, je voulais rajouter un petit cardigan, mais je trouve c'est mignon aussi avec l'effet corset. Je vais essayer avec le cardigan. J'ai ajouté le cardigan mais je sais pas trop. J'suis pas très fan. En fait, j'adore le cardigan, il est trop beau, c'est un Christian Dior vintage. Mais j'sais pas, au niveau du col, ça me gêne un petit peu. Vous en pensez quoi ? Parce que pour le coup, ça apporte un peu un côté euh… chic. En fait, plus je regarde, plus je me dis : Nan, c'est mignon en fait. J'ai mis par-dessus comme ça un blazer. Ou si je mettais que le blazer, sans la petite veste ? Je vais essayer. Donc voilà, qu'avec le blazer. C'est très joli mais c'est un peu *boring*. Ça manque de quelque chose. Vous préférez quoi ? Avec la veste et le blazer ou juste le blazer et la robe ? J'ajoute des bottes hautes parce que là je fais trop l'ado qui a le temps alors que là, j'aurais dû sortir il y a six minutes. Là avec les bottes. Plus le sac. Je mets les lunettes de soleil tant qu'il fait beau parce que, le temps, il est un peu schizophrène. Hier, il a plu le déluge, du coup, il y avait soleil plein. Donc là, j'en profite, je mets les lunettes de soleil. Je suis restée sur la version *boring* parce que j'ai vraiment plus le temps, là, de réfléchir. Mais je me dis là que mon manteau écru là, il apporte un peu de peps, et un peu de chic, à la tenue. Le parfum. Vous le mettez quand, vous ? Moi, c'est vraiment le dernier truc que je mets avant de sortir. Et voilà le look final. Dites-moi ce que vous en pensez les copines. Vous avez pas intérêt à dire que c'est *boring*, hein ? Je rigole, vous pouvez dire ce que vous voulez. Bisous les copines, bonne journée !

Préparation au DELF B2
Compréhension de l'oral

Piste 043. Comprendre les informations essentielles d'un document radiophonique
Vous écoutez une émission à la radio. Lisez les questions. Écoutez le document, puis répondez.
Julien Peron : Aujourd'hui, j'ai le plaisir de recevoir l'astrologue Béatrice Robin Brézina. Depuis plus de trente ans, Béatrice cherche à comprendre les liens subtils que l'homme tisse avec l'univers. Elle s'intéresse à des domaines comme la psychologie, l'astrologie, le tarot, la généalogie. Bonjour, Béatrice !
Béatrice Robin Brézina : Bonjour, Julien !
Julien Peron : Alors, comme vous le savez, nous sommes en train de faire le tour du monde du bonheur. Nous avons déjà interviewé plus de mille deux cents personnes. Le sous-titre de notre enquête, c'est *7 milliards d'individus, 7 milliards de définitions*. Que pensez-vous de cette formule ?
Béatrice Robin Brézina : Elle est tout à fait juste !
Julien Peron : Alors, c'est quoi le bonheur, pour vous ?
Béatrice Robin Brézina : Eh bien, le bonheur pour moi, c'est un état d'être, et je crois que depuis très jeune, j'ai vu la différence entre les personnes qui ressentaient le bonheur comme un état et les personnes qui cherchaient, qui couraient après le bonheur comme un plaisir. Alors les plaisirs, les joies, les rencontres peuvent contribuer à ce bonheur, bien sûr. Mais moi, je crois que le bonheur est réellement quelque chose avec lequel on naît.
Julien Peron : Pour vous, chacun de nous a un potentiel de bonheur ?
Béatrice Robin Brézina : Oui, les sept milliards de personnes, comme vous le disiez, naissent avec cette possibilité de bonheur. Mais, parfois, elle peut être polluée par des émotions, des peurs, des mal-être. Ainsi, ce bonheur reste parfois caché quelque part. Moi, j'ai souvent comparé le bonheur à une terre que l'on doit cultiver chaque jour, depuis notre naissance jusqu'à notre mort, et tenter de la

rendre de plus en plus fertile…
Julien Peron : Comme si, pour chaque petite chose positive qui nous arrive, un arbre, une fleur ou un buisson allait pousser ?
Béatrice Robin Brézina : Oui, c'est ça ! C'est vraiment quelque chose que l'on ressent, c'est un état avec des petits plaisirs qui s'ajoutent tout autour. Pour moi, le risque c'est de confondre bonheur et plaisir. Le bonheur est quelque chose que l'on construit. En pensant à bonheur, il m'est venu « bonne heure ». Donc, si on est dans la bonne heure, dans ce moment d'ici et maintenant, on peut parler de bonheur.
Julien Peron : Alors, pourrait-on dire que ce moment que nous vivons, là, maintenant, ensemble, est un moment de bonheur ?
Béatrice Robin Brézina : Oui, tout à fait ! Là, avec vous, je suis dans un moment de bonheur, dans un moment d'être. J'oublie les bruits, la chaleur… Je suis avec vous et je partage. Je crois que c'est ça qui est très important. Le bonheur est un atout extraordinaire si on en a conscience. Quelles que soient les difficultés que l'on peut avoir (je crois qu'on a tous, à un moment donné dans notre vie, des drames, des maladies, des pertes…), le bonheur, c'est comme une énergie, une lumière sur laquelle on peut s'appuyer…
Julien Peron : Pourtant, quand on a une déprime, certaines thérapies conseillent de prendre une pilule, une petite pilule du bonheur…
Béatrice Robin Brézina : Comment peut-on acquérir du bonheur avec une pilule ? Ce n'est pas possible ! On est dans une société de consommation qui nous fait croire que le plaisir d'acheter, par exemple une maison, un voyage, va contribuer au bonheur. Eh bien, non ! Le bonheur, pour moi, c'est être. Le plaisir, c'est avoir. Ce que j'ai remarqué dans mes nombreux voyages, c'est que, ceux qui étaient les plus heureux, c'étaient les gens d'une simplicité extrême.
Julien Peron : On dit que l'argent ne fait pas le bonheur. Vous êtes donc d'accord ?
Béatrice Robin Brézina : Eh bien, je crois en effet que l'accumulation de choses peut polluer l'état de bonheur. Nous devons prendre conscience de qui nous sommes. Certaines rencontres vont être essentielles, à l'école, avec la nature. J'ai remarqué qu'admirer un paysage peut réveiller en nous ce bonheur. Mais il est vrai que notre société, aujourd'hui, ne facilite pas cette acquisition.

🎧 **Piste 044. Comprendre les informations essentielles d'un document radiophonique**
Vous écoutez une émission à la radio. Lisez les questions. Écoutez le document, puis répondez.
Louise Tourret : Aujourd'hui, dans notre émission *Être et Savoir*, nous allons nous interroger sur la place qu'il faut donner à l'apparence physique dans nos discours éducatifs. Une certaine idée de la beauté circule et se transmet dans les mythes, les contes qu'on lit aux enfants ou qu'ils regardent à la télévision. C'est ainsi qu'à la maternelle, les petites filles se rêvent princesses aux longs cheveux, conscientes à travers leurs jeux que la grâce distingue et avantage… D'ailleurs, pour les filles, mais aussi pour les garçons, la beauté apporterait considération et réussite, dès l'école. Toutefois, trop se préoccuper de son apparence est aussi mal perçu. Nous ne sommes pas clairs avec la beauté ! Comment, dès lors, penser sa place, comment en parler entre adultes et enfants ?
Georges Vigarello, bonsoir ! Vous êtes l'auteur d'*Histoire de la beauté*. Alors, depuis Homère, la beauté est racontée comme désirable. Qu'en est-il de la Renaissance à nos jours, cette longue période à laquelle vous vous êtes intéressé dans votre livre ?
Georges Vigarello : L'apparence frappe. Certaines images montrent que la personne qui a une certaine esthétique frappe votre regard, d'une façon qui vous immobilise. Donc, la tradition va bien dans le sens d'une importance donnée à l'apparence. Et, à la Renaissance, on assiste au triomphe de la femme comme symbole de la beauté.
Louise Tourret : Dès la Renaissance, l'idée de la beauté et de la beauté féminine se superposent totalement. Parler de la beauté, c'est parler de la beauté des femmes. Est-ce que cela participe au sentiment de soi des femmes ? Est-ce que se penser, quand on est une femme, c'est penser sa beauté ?
Georges Vigarello : Cette idée s'impose fortement à la Renaissance. Mais on oublie toujours que la femme est considérée comme responsable de l'intérieur, du décor, de ce qui est montré. La femme est celle du dedans. C'est l'énorme différence avec l'homme, qui est celui du dehors représenté par le travail, l'énergie, l'engagement. Donc, si on regarde bien, ce qui est privilégié chez la femme, c'est la beauté qui, au bout du compte, la diminue.
Louise Tourret : Et l'immobilise, peut-être ?
Georges Vigarello : Oui, tout à fait.
Louise Tourret : Annie Bacon, vous venez de publier un livre extrêmement intéressant, intitulé *De la beauté*. Y a-t-il aujourd'hui une urgence à réfléchir à la question de la beauté avec les plus jeunes ?
Annie Bacon : Actuellement, la façon dont on parle de la beauté est très contradictoire. D'un côté, il y a de grands mouvements qui demandent aux magazines d'arrêter de retoucher les photos, d'arrêter de montrer du parfait. Et de l'autre, les jeunes se retrouvent sur les réseaux sociaux où ils n'ont jamais autant montré leur image, où ils n'ont jamais été autant jugés sur leur physique. Alors je crois que c'est important de leur parler pour les aider à démêler tout ça.
Louise Tourret : La beauté se définit selon des critères qui changent avec le temps, Georges Vigarello ?
Georges Vigarello : La beauté aujourd'hui est une beauté mobile, une beauté de l'affirmation et de l'assurance. Cela consiste à dire « Je suis comme ça et pas autrement et c'est bien la manière dont j'existe » et vous avez des réactions « Oui, tu es comme ça et c'est très bien ».
Louise Tourret : Annie Bacon, vous voyez exactement la même évolution, non ?
Annie Bacon : Oui, et l'intention de mon livre est de réduire l'importance que l'on donne à la beauté. Au lieu de dire que la beauté doit être plus ouverte, que tout doit être considéré comme beau, il faut aller au-delà et dire : « Arrêtons d'accorder autant d'importance à la beauté ».

Unité 3 — Pouvons-nous encore sauver la planète ?

Leçon 9

Faire un état des lieux sur la pollution

🎧 **Piste 045. Document 3**
Journaliste : Et si le plus grand ennemi du climat n'était

pas la voiture ou l'avion, mais l'écran, nos écrans ? Bonjour, Guillaume.
Guillaume Pitron : Bonjour, David Jacquot.
Journaliste : Guillaume Pitron, journaliste et auteur de *L'Enfer numérique, voyage au bout d'un like*, aux éditions Les Liens qui libèrent. Alors, PC, smartphones, tablettes... Quand on vous lit, on se dit que le numérique, euh le numérique, c'est un enfer pour la planète, pour l'environnement. Est-ce que vous n'y allez pas un petit peu fort ?
Guillaume Pitron : On est quand même dans une technologie qui est dite immatérielle, on parle de « cloud ». En réalité, c'est très matériel, il faut bien insister là-dessus.
Journaliste : Et c'est cela qui est très intéressant, c'est que le virtuel, en fait, c'est d'abord du matériel, et cette économie dématérialisée, elle est tout sauf immatérielle. C'est quoi, le parcours mondial, encore une fois, d'un *like* ? Alors, vous êtes en face de moi.
Guillaume Pitron : Eh bien d'abord, le *like*, il va rejoindre probablement une antenne 4G qui se trouve au-dessus de l'immeuble. Ensuite, le signal va descendre le long des fibres... de la fibre qui, en fait, file par les parties communes, rejoindre le trottoir, sous les, sous les pas des passants. Il va ensuite rejoindre un câble en cuivre, pour quelques temps encore, puisqu'Orange va changer, comme vous le savez, ses câbles de cuivre pour des câbles en fibre, et puis il va rejoindre d'autres câbles. Ce *like* va ensuite probablement traverser l'océan Atlantique par un câble sous-marin et être stocké sur plusieurs centres de données côté américain, parce qu'il a probablement été émis sur un réseau social américain, et il va faire son chemin inverse, dans l'autre sens, à deux cent mille kilomètres/seconde, jusqu'à vous. Donc, en un rien de temps, le *like* aura parcouru des milliers de kilomètres.
Journaliste : Donc, Guillaume Pitron, cette, cette pollution numérique, elle est réelle, mais elle est invisible et c'est ça qui pose problème, en fait. On ne la voit pas.
Guillaume Pitron : En fait, ce qui pose problème, c'est qu'on la voit pas et donc on n'est pas capable de dire « Oh bah tiens, une action numérique, elle pollue ». Rouler en voiture diesel, c'est très concret en termes de pollution et on le subit immédiatement, puisqu'on respire ce qu'on produit. Or là, on ne le voit pas, on ne le sent pas. Ce sont des infrastructures dont j'ai parlé qui sont souvent stratégiques, vitales. Donc en fait, on garde ces structures et ces infrastructures extrêmement discrètes. Les GAFAM n'ont pas forcément tous envie de rappeler qu'ils évoluent d'abord dans un monde matériel. On les voit partout sur la toile, mais on ne les voit nulle part dans le monde physique parce que rappeler que derrière Google, Facebook, Amazon, il y a toutes ces infrastructures polluantes, c'est aussi rappeler leur contribution ou non aux Accords de Paris, à la transition écologique, et donc il y a aussi une logique d'invisibilisation, tout ça c'est aussi organisé, d'une certaine manière. Et donc du coup, on est complètement tenu à l'écart de cette réalité matérielle-là. On n'a pas la perception sensorielle de cette pollution et le premier des enjeux, c'est de nous éduquer à cela.

Leçon 10
Alerter le public sur un risque

🎧 **Piste 046. Document 2**
Journaliste plateau : Cette jeunesse, elle est très consciente de ce qui se passe, elle écoute beaucoup les scientifiques, d'ailleurs, et elle se mobilise, il y a un appel à mobilisation. Les jeunes seront dans la rue pour lutter contre la crise climatique le 19 mars, c'est vendredi.
– Bonjour, Marie !
– Bonjour !
– Comment ça va ? C'est la dernière ligne droite ?
– Ouais, c'est ça, on a une réunion demain, donc là on ajuste les derniers préparatifs...
Moi, quand je pense au futur, je pense pas forcément à quelque chose de joyeux pour l'instant, même si je vois bien qu'avec toute la mobilisation qu'on fait en France ou dans le monde entier, ça apporte beaucoup d'espoir. Mais c'est vrai que, quand on regarde juste les rapports scientifiques, on perd une dose d'insouciance parce que les résultats ne sont pas bons, et voilà, on n'a pas d'autre choix que de se mobiliser.
Et en même temps, peut-être que, s'il y a quarante ans, les décideurs avaient écouté les scientifiques quand ils avaient alerté sur le réchauffement climatique, peut-être qu'on n'en serait pas là, et voilà, peut-être qu'on ferait autre chose de notre vie aujourd'hui.
– Noé, pourquoi elle ne vous satisfait pas, cette loi climat ?
– Bah parce que finalement, il n'y a aucune des mesures de la convention citoyenne qui est reprise intégralement... Quasiment, je sais pas, il y a, une dizaine sur les cent quarante-neuf qui étaient prévues. Dans les objectifs qui étaient posés, c'était 40 % de réduction des émissions à effet de serre, avec la loi climat on est autour de 21 % à peu près, donc on voit qu'on est très loin du compte, et la loi elle pose des objectifs à 2040, 2050, pour eux ça représente pas grand-chose, pour nous c'est notre futur et on va avoir quarante, cinquante ans quand on sera dans ces années-là, et pour nous, ça a des conséquences, donc si les mesures, elles ne sont pas prises aujourd'hui, notre futur, il va être détruit.

Leçon 11
Proposer des solutions

▶ 07 **Activité 6**
Dans notre pays, au Portugal, on a de grosses réserves de lithium. Depuis quelques années, des entreprises s'y installent pour exploiter cette ressource. Avec le développement des voitures électriques et des appareils technologiques, les besoins sont de plus en plus importants. Mais les dégâts sont terribles : on produit de nombreuses batteries qui ne sont pas recyclées, l'extraction pollue considérablement les sols, la poussière rejetée autour des mines est toxique...
Nous pensons que le gouvernement devrait intervenir pour limiter et encadrer ce commerce. Et vous, que pensez-vous de cette exploitation des ressources ? Avez-vous le même problème dans votre pays ?

🎧 **Piste 047. Document 3**
Journaliste : Aurélien Barrau, la catastrophe climatique, ça n'est pas tout, hein, et vous le rappelez, d'ailleurs, à plusieurs reprises. C'est une conséquence, un symptôme, et non pas l'origine de la catastrophe, hein. Vous remettez un peu les choses à leur place à ce niveau-là.
Aurélien Barrau : Oui, je crois que c'est très important parce que, en effet, on parle beaucoup de sauver le climat, heu, ce qui est plutôt une bonne chose. Je suis tout à fait convaincu qu'il y a un problème climatique. Mais, finalement, sauver le climat, on s'en fiche un peu. Moi, le climat, ça m'intéresse

pas, ce qui compte, c'est la vie. Et donc on voit que le climat, ce n'est qu'un problème parmi beaucoup d'autres, dans un… dans un effondrement, je dirais, qui est multifactoriel. Voilà, et donc ça, c'est très important de le garder à l'esprit parce que le pire, je pense, qui nous menace aujourd'hui, surtout chez mes confrères scientifiques, c'est de supposer que nous avons affaire à un problème technique qui aurait une solution technique.
Journaliste : Technique, ouais…
Aurélien Barrau : Ce n'est absolument pas le cas et ça, les scientifiques ont beaucoup de mal à le comprendre.
Journaliste : Alors, qu'est-ce qu'on fait avec tout ça quand on fait ce constat, Aurélien Barrau ? Les politiques habituelles qui existent n'ont rien donné, si on vous lit. Alors, qu'est-ce qui nous manque ? Qu'est-ce qu'on fait exactement ?
Aurélien Barrau : Oui, enfin, en ce qui concerne les politiques, ils n'ont même pas essayé, donc c'est un peu normal qu'ils aient pas réussi, hein, de ce point de vue-là, on peut pas les dédouaner, quand même. Euh, moi je crois que, quand on se demande, et on me l'a demandé souvent, quelle est l'action urgente à faire, euh, c'est déjà une mauvaise question, parce qu'on est encore dans une logique, effectivement, d'agir. La question, c'est précisément de se demander où on veut aller. Actuellement, ce qu'on appelle « croissance », c'est essentiellement de détruire un espace gorgé de vie et de le remplacer par un parking de supermarché. Ça, c'est, littéralement parlant, de la croissance. Si on le fait avec de l'énergie solaire, avec de l'énergie nucléaire ou avec de l'énergie éolienne, ça ne change rien. À la fin, on a effectivement détruit une forêt pour construire un espace bétonné, et à la fin, la vie est morte. Ce qui est important donc, ce n'est pas de chercher à comprendre comment diminuer les externalités négatives, en l'occurrence les émissions de CO_2, c'est de se demander si on souhaite effectivement éradiquer la forêt pour construire un supermarché.
Journaliste : Donc, plus qu'agir, c'est penser, c'est réfléchir au fond à nos façons de vivre, à nos modes de vie.
Aurélien Barrau : Oui, alors voilà, penser, c'est agir. Aujourd'hui, si vous voulez, l'activité politique consiste à essayer de faire la même chose, en polluant un peu moins. Ça n'a absolument aucun intérêt parce que ce que nous cherchons à faire aujourd'hui, c'est à exterminer la vie. Aujourd'hui, la vie est considérée comme une ressource. Or, les ressources, on les utilise et on les use. Si on ne change pas de destination, le moyen par lequel on y arrive n'a aucune importance.

Leçon 12

Techniques pour… la médiation : gérer un malentendu culturel

Piste 048. Document 2
Laetitia Samson : Tamara, tu viens ? Nous allons faire le tour des bureaux et tu vas pouvoir rencontrer Olivier Rabaud, notre directeur.
Tamara Mansfield : Parfait, je te suis !
Laetitia Samson : Bonjour, Monsieur Rabaud.
Olivier Rabaud : Bonjour, Laetitia.
Laetitia Samson : Je fais faire le tour du service à Tamara Mansfield, elle est arrivée ce matin.
Olivier Rabaud : Oui, bien sûr, bonjour, Madame Mansfield. Bienvenue dans notre entreprise.
Tamara Mansfield : Je suis ravie de faire un stage dans ton entreprise.
Olivier Rabaud : Bien, ravi de vous compter dans notre équipe. J'espère que vous vous y plairez. Il faudra que nous discutions de quelques points pour que nos relations se passent pour le mieux.
Tamara Mansfield : Oui, bien sûr. Tu as prévu de me voir dans la journée ?
Laetitia Samson : Je pense que Tamara est impatiente d'en savoir plus sur notre entreprise ! Elle est très enthousiaste. Ne t'inquiète pas, Monsieur Rabaud complètera ton agenda.
Olivier Rabaud : Je suis un peu pressé, excusez-moi, mesdames. Madame Mansfield, à plus tard, je vous laisse avec Laetitia.
Tamara Mansfield : Oui, merci. À plus tard. Laetitia, le directeur est un peu froid, non ?
Laetitia Samson : Pas spécialement, pourquoi tu dis ça ?
Tamara Mansfield : Eh bien, je ne sais pas, il n'était pas un peu sec, quand il m'a répondu ? Et même quand il a parlé du rendez-vous, non ?
Laetitia Samson : Ah oui, bon, je pense qu'il a été surpris que tu le tutoies, en fait.
Tamara Mansfield : Ah vraiment ? Je n'aurais pas dû ?
Laetitia Samson : Il vaut mieux vouvoyer les supérieurs, tu sais… S'ils acceptent que tu les tutoies, ils te le demandent. Mais ça doit venir d'eux.
Tamara Mansfield : Oh, je ne savais pas, je suis confuse.
Laetitia Samson : Ne t'inquiète pas, tu pourras lui en parler quand tu le verras.

Langue & S'entraîner

Piste 049. Activité 1
Ex. : Consommation
1. Usage • 2. Protection • 3. Luminosité • 4. Reproduction • 5. Grandeur • 6. Apparition • 7. Vieillissement • 8. Extinction • 9. Synthèse • 10. Modernisation

Pistes 050 à 064. Vocabulaire
→ *Voir manuel pages 55-57.*

Piste 065. Phonétique
L'oralité et la grammaire de l'oral → *Voir manuel page 58.*

Piste 066. Activité 11
→ *Voir manuel page 58.*

▶ 09 Culture(s) vidéo
Stéphane Vatinel : Allez, on y va !
Voix off : Dans une ancienne gare désaffectée de Paris, Stéphane Vatinel a ouvert *La Recyclerie*. Meublée entièrement avec des éléments récupérés. Un drôle d'endroit qui mélange tous les genres.
Stéphane Vatinel : C'est un tiers-lieu, c'est un peu… un principe… c'est un lieu de destination choisi, c'est pas la maison, c'est pas le travail. C'est un endroit où on a envie, parce qu'on a le plaisir d'y aller.
Voix off : Le lieu fonctionne 7 jours sur 7, de 8 heures à minuit. L'activité principale est le bar-restaurant, mais il y a aussi une bibliothèque écolo, des ateliers, des conférences et même un espace destiné au bricolage. Ici, on peut emprunter des outils pour faire des travaux ou réparer des appareils en panne, sous la houlette de César Popov, l'homme aux mains d'or.
Journaliste : Vous savez tout réparer ?

César Popov : Presque tout, presque tout, à partir des montres… puis on fait four micro-ondes, grille-pain. Faut compter 5 € la demi-heure. C'est pas cher, hein ?
Voix off : En cuisine, le chef est un ancien d'établissements prestigieux. Il a dû adapter ses pratiques à l'esprit du lieu.
Le chef : Dans ce restaurant, on essaie de faire au mieux, bio et locavore.
Voix off : Locavore, c'est-à-dire produit localement. Et là, on ne peut pas faire plus près. Le jardin est au-dessous du restaurant. Le long des voies ferrées abandonnées pousse une bonne partie des légumes et des aromates nécessaires à la cuisine. Une petite ferme urbaine avec ses animaux. Sur le toit, il y a des ruches pour les abeilles. On trouve aussi des canards et une quinzaine de poules qui fournissent 4 000 œufs par an, mais elles sont là avant tout, pour le recyclage.
Olivier Fontenas : On a des poules pour manger les restes des repas, du coup, qui sont gaspillés, c'est de la nourriture gaspillée, donc elles mangent… entre 5 et 10 kilos de restes de repas par jour et, en plus de ça, elles nous pondent des œufs.
Voix off : Au-dessus des voies, les clients sont incités à se responsabiliser : ils vont chercher leur plat, débarrassent les plateaux et trient à la fin leurs déchets pour nourrir les poules ou faire du compost. Une façon astucieuse de leur apprendre, l'air de rien, les bons gestes écoresponsables. *La Recyclerie* a déjà créé 60 emplois à Paris. Un exemple à méditer.

Les langues sont-elles sacrées ?

Leçon 13
Expliquer une évolution

▶ 10 **Activité 6**
Dans mon pays, en Suisse, il y a trois langues officielles : l'allemand, le français et l'italien. Le suisse allemand est parlé par plus de 60 % de la population. En réalité, il est assez différent de l'allemand parlé en Allemagne. En revanche, le suisse français et le suisse italien sont quasiment identiques au français et à l'italien. Une quatrième langue est reconnue par l'État en Suisse, comme langue nationale, mais pas officielle, le romanche. Mais peu de personnes le parlent. À cela, s'ajoutent plusieurs dialectes régionaux… Moi, j'habite à Berne, j'étudie les sciences du sport, généralement je parle allemand avec mes amis, mais à Berne et aussi à l'université de Berne, pas mal de gens sont suisses français, donc je parle français plus ou moins régulièrement.
Et dans votre pays y a-t-il plusieurs langues officielles ? Il y a des langues régionales ? Sont-elles influencées par d'autres langues ?

🎧 **Piste 067. Document 3**
Patrick Cohen : Les mots arabes dans la langue française, c'est plus qu'un enrichissement. C'est un apport indispensable.
Erik Orsenna : C'est indispensable.
Patrick Cohen : Sans ces mots arabes-là, y'a plein de choses qu'on ne pourrait pas nommer. Y'a pas l'équivalent à « algèbre », à euh…
Erik Orsenna : « Zénith »…
Patrick Cohen : « Chiffre »…
Erik Orsenna : Exactement… Eh bien, « magasin », « magasin » et tout ce qu'on peut imaginer. Et alors, il y a des mots magnifiques. Par exemple, « amiral ». « Amiral » c'est « amir al-bahr » c'est-à-dire le « chef de la mer ». Magnifique.
Patrick Cohen : Ah oui, c'est super.
Erik Orsenna : Et alors il y a des mots qui se promènent, comme ça, que j'adore. Parce que je suivais les promenades. Exactement comme les produits. C'est pareil. C'est un voyage. Alors vous avez « l'abricot ». L'abricot, il est… au début, c'était grec, « praikokion », parce que c'est le fruit qui arrive le premier. Bon. En saison. « Praikokion ». Et puis après, il a été importé en Syrie où il a été, voilà, un mot arabe. Voilà. « Al-barquq », tout ça. Et puis ensuite, « albercoc », en catalan, et puis ensuite, « abricot ». C'est-à-dire que le mot suit le parcours, le parcours comme ça.
La journaliste : Géographique.
Erik Orsenna : De la géographie comme ça, ces voyages-là. Et puis après, il y a eu évidemment les Italiens avec « badache », avec « la musique ». Et puis ça continue comme ça. Parce qu'après, au XVIIIᵉ siècle, y'a… euh… les mots anglais qui sont « majorité », « parlement », « budget », c'est-à-dire, à chaque fois, on enrichit. Il y en a qui apportent la cuisine, il y en a qui apportent la musique, il y en a qui apportent la guerre, il y en a qui apportent la démocratie. Avec des échanges. Par exemple, le jeu de paume, « tenez », devient « tennis ». On dit « Tenez, je vais servir » et ça devient « tennis ». Ou on disait, par exemple, voyez bon, il y a des fêtes foraines. Ça devient « foreign », « étranger ». Ça revient chez nous, vous comprenez, c'est de l'autre côté. C'est ça, ces échanges permanents de, de, de la langue. Et puis, il y a des moments, eh ben on en a marre, parce qu'il y a trop de mots dits « étrangers ». Et c'est pareil, au XVIᵉ siècle, on n'en pouvait plus des gens un peu snobs qui utilisaient sans arrêt des mots italiens, alors qu'il y avait des mots français. Comme maintenant.
Pierre Lescure : Et au XXᵉ siècle, au XXᵉ siècle, y'a des gens qui en avaient ras-le-bol qu'on emploie trop de mots en anglais alors qu'on pouvait avoir des mots français.
Erik Orsenna : En fait, si on me disait : « Tu abandonnes la langue française, on te donne la langue russe, on te donne la langue espagnole, on te donne la langue chinoise », on me retirerait un univers mais on me donnerait un autre univers. Mais si on me dit : « Tu abandonnes cet univers, cette création, pendant douze ou quatorze siècles, à la fois de brèves de comptoir jusqu'aux grands savants pour remplacer par trois cents mots qui ne servent uniquement qu'à faire du pognon », non. C'est pour ça que j'aime pas qu'on dise « franglais », c'est pour ça que j'aime qu'on dise « globish ».
Journaliste : C'est du « globish ».
Erik Orsenna : Comme ça, comme « world music », comme des trucs comme ça. Parce que, alors là, je, je, je salue le chef. C'est exactement de la même manière, on peut survivre si on a trois pilules et puis de temps en temps une petite intraveineuse. Et ça, c'est pareil. Si on décrit, si on abandonne la diversité des langues, c'est pareil. Voilà.

Leçon 14
Adapter son registre

🎧 **Piste 068. Document 2**
Laélia Véron : Nous aurions tendance à identifier comme

du « langage jeune » des façons de parler qui ne seraient pas du tout spécifiques aux jeunes, mais que tout le monde emploie, par exemple, des caractéristiques du français oral, le fait de faire des relatives populaires ou d'omettre certains « ne » de négation. Et c'est vrai qu'il ne suffit pas d'être jeune pour ne pas mettre le « ne » de négation à l'oral. On peut l'entendre très souvent.

Extrait :
Femme 1 : Football féminin...
Homme 1 : Alors bon là, non, j'aime pas le football féminin.
Femme 1 : Comment ça ? Pourquoi ?
Homme 2 : Eh ben moi, j'ai pas envie, j'ai pas envie, c'est tout ! C'est tout !

Laélia Véron : J'ai essayé d'aller plus loin. Quelles sont les autres caractéristiques qu'on associe d'habitude au parler jeune ? Et leur sont-elles vraiment spécifiques ? Alors, il y a les mots. On a l'impression que les jeunes ont un lexique spécifique qu'on ne comprend pas et qui change très vite parce que les jeunes inventeraient sans cesse de nouveaux mots. En réalité, c'est un peu plus compliqué que ça. Par exemple, le mot « meuf » ou le mot « vénère ». Ce sont des mots populaires, des mots de verlan qu'on associe souvent au parler jeune. Mais je pense que vous connaissez comme moi des gens qui les emploient sans être jeunes.

Auphélie Ferreira : C'est pas les jeunes qui vont créer de nouveaux mots ou créer la langue, il y a l'idée aussi qu'en fait, il y a besoin d'avoir des nouveaux mots et parfois c'est les jeunes qui vont les utiliser plus souvent. Par exemple « followers » pour Twitter, je sais qu'il y a une personne dans ma famille qui a plus de cinquante ans qui dit : « Oh ! Mais ça c'est des mots de jeunes ! ». Ben tout simplement parce que c'est une personne qui utilise pas Twitter, peut-être qu'elle a pas Twitter, que c'est apparu après et que c'est pas un utilisateur de Twitter. Alors évidemment, on va l'attribuer par exemple aux jeunes. Mais en réalité, c'est juste les utilisateurs de Twitter et qu'on a eu besoin d'un nouveau mot pour désigner une réalité. Et à côté on a d'autres mots. Ben dernièrement on a vu « démerdentiel », on a vu le Covid, enfin ou la Covid, qui en fait désignent juste des nouvelles réalités. Donc, on dit souvent, les jeunes, c'est des créateurs, mais tout le monde va utiliser des mots nouveaux, enfin on aura besoin de nouveaux mots pour désigner de nouvelles réalités.

Laélia Véron : Donc, c'est encore quelque chose que tout le monde fait : créer de nouveaux mots pour de nouvelles réalités qui seraient peut-être aussi plus concentrées chez les jeunes, ou pas ? Est-ce qu'il y a un rapport plus ludique, plus créatif de la part des jeunes ou pas au langage ?

Auphélie Ferreira : Bon, peut-être que certains jeunes ont voulu « créer des mots » pour ne pas être compris par tout le monde. Il y a peut-être cette idée-là.

Laélia Véron : Ce serait du coup une fonction un peu cryptique, un peu argotique dans le sens d'avoir son argot un peu secret qui n'est pas compris par tout le monde.

Auphélie Ferreira : Mais encore une fois, c'est pas nouveau...

Laélia Véron : Oui, tout le monde de fait a ses argots, ne serait-ce que ses argots de travail.

Enregistrement : (Emmanuel Macron) Follower listage, on a juste accès à un des marchés les plus bullish au monde. C'est un marché qui est disrupté. Ils ont disrupté le secteur, ils ont disrupté la production industrielle du secteur.

Laélia Véron : Certaines modes lexicales vont se diffuser, comme par exemple le mot « boloss », qui est entré dans le dictionnaire, qui est très bien compris par les non-jeunes, d'autres vont disparaître. Mais tout le reste du lexique et toute la syntaxe, par exemple l'ordre des mots, ne bougent pas tellement. N'oublions pas non plus qu'avec l'âge, on change sa façon de parler et que la plupart du temps, on quitte les pratiques adolescentes pour prendre d'autres pratiques de langue, plutôt définies par notre environnement professionnel. Donc les jeunes inventent des mots mais pas toutes, pas tous, pas tellement, pas au point d'avoir un lexique, une langue vraiment spécifique qui les enfermerait dans une case à part.

🎧 Piste 069. Document 4

Jean Rochefort : C'est un beau gosse, aviateur, qui se crashe dans le désert torride du Sahara. Il essaie de faire son MacGyver avec trois allumettes et un rouleau de PQ pour réparer sa carlingue. Ça marche pas du tout. Alors il tape la pause, comme un boloss, et le lendemain, un petit keum lui dit tout de go : « Dessine-moi un mouton, gros ! »

Leçon 15
Parler de son rapport au français

🎧 Piste 070. Document 1

Ali Rebeihi : Bonjour à tous, soyez les bienvenus dans *Grand bien vous fasse*. Pourquoi aimez-vous la langue française ? C'est notre thème ce matin. Quel rapport charnel, passionné, sensuel, intellectuel entretenez-vous avec la langue de La Rochefoucauld, Balzac, Colette, Proust, Simenon, Dany Laferrière, Amélie Nothomb, Barbara, Booba ? Le français, une langue réputée difficile, semée d'embûches et de chausse-trappes. Une palette subtile, un nuancier extraordinaire pour peindre les idées et les sentiments, la pensée et l'amour. La vie dans sa complexité et sa poésie.

D'où vient cette jouissance liée à la langue française ? À sa musicalité, à sa morphologie, à son histoire, à sa syntaxe, à sa grammaire, à son orthographe ou bien à son vocabulaire ? Nos invités vous raconteront les raisons de leur amour fou.

Ali Rebeihi : Alors, première question, qui est d'une simplicité biblique. Pourquoi êtes-vous amoureux fou de la langue française ? Je commence par vous, Xavier Mauduit.

Xavier Mauduit : Ah, je suis amoureux de la langue française parce que c'est mon outil de travail, c'est mon outil de vie. Sans la langue, nous ne sommes rien, Ali. Mais c'est vrai, vous aussi, nous tous, tout le monde. Nous travaillons, nous vivons de la langue. Alors, avouez que c'est quand même plus joli la vie quand on est amoureux de son outil de travail !

Ali Rebeihi : Julie Neveux ?

Julie Neveux : Alors moi, je suis un peu embêtée, c'est comme si vous demandiez à Obélix pourquoi il aime la potion magique dans laquelle il est tombé petit, voyez. En en fait, eh bien, je pense que si vous demandiez à un francophone dont la langue maternelle est le français pourquoi il l'aime, eh ben c'est hyper difficile. Pourquoi vous aimez quelqu'un ? Je dirais pas que c'est un amour comme celui d'une amour, d'un amour senti... euh, je veux dire amoureux, romantique, quand vous rencontrez quelqu'un. Y'a pas cette rencontre parce qu'on naît dans la langue française. Donc, pour moi c'est plus un amour de type maternel, c'est l'amour qu'on a pour sa mère, c'est-à-dire qu'on a incubé dans le ventre, on a été bercé par cette mélodie, par ces sons. On apprend la langue en même temps, voilà, qu'on fait ses premiers mots, et on entend cette langue, qui est la langue maternelle, et après, donc c'est très très difficile de dépassionner le débat.

Y'a un sentiment très fort, mais qui vient, ben du ventre, et qui ne fait que s'amplifier.
Ali Rebeihi : Julien Soulié ?
Julien Soulié : Alors moi, j'aime, j'aime la langue française depuis très longtemps parce que je trouve que c'est une vieille dame excentrique, donc c'est une vieille dame pour qui j'ai beaucoup d'affection, et puis elle a eu une longue vie, et puis elle a encore de beaux jours devant elle, j'espère et je pense. Mais je l'aime aussi parce qu'elle a ses petits défauts, ses petites excentricités, ses bizarreries. Et donc c'est tout ça qui fait que j'adore la langue française.

Langue & S'entraîner

Pistes 071 et 072. Vocabulaire
→ *Voir manuel page 69.*

Piste 073. Activité 5
Ex. : Elle pense à sa nouvelle chanson ?
a. Ce linguiste s'intéresse au parler jeune ? • **b.** Doit-on se souvenir des anciens mots qui ne sont plus utilisés ? • **c.** Pourquoi se moque-t-on souvent des personnes qui prononcent mal les mots ? • **d.** Faut-il se méfier des modes lexicales ? • **e.** Il est difficile de s'habituer aux nouvelles règles, n'est-ce pas ? • **f.** L'évolution d'une langue dépend-elle du ministre de la Culture ?

Pistes 074 à 078. Vocabulaire
→ *Voir manuel pages 70 et 71.*

Piste 079. Phonétique
L'intonation porteuse de sens → *Voir manuel page 72.*

Piste 080. Activité 9
→ *Voir manuel page 72.*

▶ 12 Culture(s) vidéo
Les accents régionaux, une discrimination à l'embauche ?
Journaliste : Des multitudes de bouches et autant d'accents différents. Il y a l'accent marseillais.
Femme 1 : C'est un accent un peu chantant. C'est pas vrai ?
Journaliste : Ou encore l'accent montpelliérain.
Femme 2 : Ah mais moi j'ai un accent. Et je suis fière d'avoir mon accent. On est du Sud. Et ce qui est dommage, c'est que ça se perd.
Journaliste : L'accent, une fierté ? Mais parfois il peut poser problème.
Patrick Bosso : Je voudrais les horaires pour Marseille en train.
Voix-off : Je n'ai pas compris votre demande.
Journaliste : Des conséquences dans la vie quotidienne mais aussi parfois dans le monde du travail. Au début de sa carrière, lors d'entretiens d'embauche, Bernard Quentz s'est senti discriminé. Le responsable ? Son accent alsacien.
Bernard Quentz : Lorsque vous essayez d'expliquer quelque chose et que vous voyez des gens ricaner, vous vous dites, pourquoi qu'ils rigolent ? Est-ce que j'ai ma veste de travers, est-ce que j'ai mes cheveux de travers ? Est-ce que je n'ai pas fermé ma braguette ? Non ! C'est à cause de l'accent. Là, ça peut être difficile, oui.
Journaliste : Alors, pour lutter contre ces pratiques, le député *La République en marche* de l'Hérault, Christophe Euzet, a proposé une loi. L'idée est simple : ajouter l'accent à la liste des discriminations dans le Code pénal et dans le Code du travail.
Christophe Euzet : En pointant du doigt la difficulté, on va faire prendre conscience à un certain nombre de personnes que, mettre de côté quelqu'un parce qu'il prononce les « an » et les « on » un petit peu différemment est un petit peu réducteur dans un beau pays très divers comme le nôtre et riche, justement, de cette diversité culturelle.
Journaliste : Parmi les accents les plus discriminés dans le monde professionnel, ceux du nord de la France, et en première position, le ch'ti persistent.
Philippe Blanchet : Les connotations qui vont être affectées aux personnes qui parlent avec un accent ch'ti ou avec un accent rural normand vont être massivement négatives. Il peut y avoir de temps en temps des gens qui ont un regard sympathique mais c'est très rare. C'est moins vrai pour les prononciations du midi qui vont être perçues comme plus sympathiques mais quand même pas sérieuses, et donc qui vont poser des problèmes.
Journaliste : En France, on compte autant d'accents que de régions, ce qui participe aussi à la richesse de notre patrimoine.

UNITÉ 5 — La politique est-elle l'affaire de tous ?

Leçon 17
Définir des droits et des devoirs

Piste 081. Document 2
Il y a une opposition qui traverse les démocraties contemporaines, depuis notamment la Révolution française et ses diverses déclarations, c'est l'opposition entre les droits et les devoirs – les droits de l'homme et les devoirs de l'homme, ou aussi, du citoyen –, qui ont fait l'objet, d'ailleurs, d'approches le plus souvent contradictoires. Ainsi, après les déclarations des droits de l'homme de 1789 et de 1793, une troisième déclaration moins connue, dès la Révolution française, en 1795, a complété la Déclaration des droits de l'homme par celle de ses devoirs –comme si déclarer des droits était une sorte d'ouverture indéfinie, une sorte d'individualisme sans limite, sans relation à autrui, alors que les devoirs nous ramènent à notre condition relationnelle et sociale, et comme s'il fallait compléter les droits individuels par les devoirs à l'égard d'autrui.
Mais il y a quelque chose ici de très frappant et qu'il faut noter. C'est que, quand on parle de compléter les droits par les devoirs, c'est qu'on se situe déjà dans un même cadre, un cadre au fond universel et législatif, qui est celui des démocraties contemporaines. On oppose peut-être les droits et les devoirs, mais ce point commun, c'est qu'on les impose les uns ou les autres, peut-être les uns et les autres, sous une forme universelle à l'ensemble des citoyens de manière égale. On peut alors se demander si les droits que l'on déclare de manière universelle, c'est-à-dire pas seulement pour les uns et pas pour les autres, n'impliquent pas forcément aussi des devoirs, car ma liberté s'arrête là où commence celle d'autrui, et si je veux exercer un droit, je dois respecter le droit de l'autre à l'exercer aussi.
Au fond, opposer les droits et les devoirs, ce n'est pas un exercice abstrait, une dissertation de philosophie [...]. Politiquement, les droits et les devoirs sont amenés à se compléter dans une démocratie où l'on fait coexister des individus de manière relationnelle, où la société repose

sur l'interdépendance et la réciprocité. Oui, on est en droit d'exiger que les autres respectent leurs obligations à notre égard pour que nous puissions nous aussi respecter les nôtres à l'égard d'eux, à l'égard d'elles et d'eux, à l'égard de toutes et de tous, car les droits et les devoirs, politiquement en tout cas, sont indissociables.

Leçon 18

Défendre un engagement

Piste 082. Document 2

Journaliste : Et coup de projecteur ce matin sur la nouvelle revendication phare des Gilets jaunes, le fameux Référendum d'initiative citoyenne. Bonjour, Dominique Rousseau.

Dominique Rousseau : Bonjour.

Journaliste : Merci beaucoup d'être avec nous ce matin sur RTL, vous êtes professeur de droit constitutionnel à l'université Paris 1 Sorbonne. Vous comprenez ce sentiment qu'auraient de nombreux Français de ne pas être représentés et donc de vouloir se prendre en main à travers une mesure de ce type ?

Dominique Rousseau : Absolument. Ce que révèle le mouvement des Gilets jaunes, c'est un essoufflement de la forme représentative de la démocratie. Pas un essoufflement de la démocratie, mais de la forme représentative, c'est-à-dire du monopole par les représentants de la fabrication de la loi. Et ce que demandent les Gilets jaunes, c'est de participer, à leur niveau, à la fabrication de la loi, et le Référendum d'initiative citoyenne peut être un de ces instruments. [...]

Journaliste : On parle de sept cent mille signatures suffisantes pour enclencher alors ce qui serait le futur dispositif du Référendum d'initiative citoyenne.

Dominique Rousseau : Oui, absolument, si vous voulez il y a trois questions à poser pour le Référendum d'initiative citoyenne. La première question, que vous venez d'évoquer, c'est celle du nombre : à partir de combien de signatures déclenche-t-on la procédure référendaire ?

Journaliste : Quel est votre avis ?

Dominique Rousseau : Écoutez, sept cent mille, plus le nombre est bas, plus l'usage du référendum sera facile. Par exemple, en Italie, c'est cinq cent mille, en Suisse, c'est cent mille. Sept cent mille, pourquoi pas, ça veut dire que l'usage sera facile, parce qu'il est très facile de recueillir sept cent mille signatures.

Journaliste : Oui ! Les deux autres questions que vous souhaitiez évoquer ?

Dominique Rousseau : Alors, la deuxième question, c'est celle du domaine du référendum. Est-ce que les citoyens pourront demander de faire un référendum sur n'importe quel sujet, par exemple l'abrogation de la loi sur le mariage entre personnes de même sexe, sur l'annulation de la dette, sur le retour de l'imposition sur les grandes fortunes, sur la sortie de l'Union européenne… ? Bref, est-ce que les citoyens pourront demander des référendums sur n'importe quel sujet ou bien, comme en Italie encore une fois, est-ce que certains domaines seront interdits ?

Journaliste : Et la dernière question, Dominique Rousseau ?

Dominique Rousseau : Alors, la dernière question, c'est certainement la plus difficile parce que c'est celle qui donne son sens populiste ou démocratique à ce Référendum d'initiative citoyenne. La question est la suivante : quelle va être la portée du vote référendaire ? Est-ce que les lois votées par le peuple seront contrôlées par le juge constitutionnel pour vérifier qu'elles respectent les droits de l'homme ? Ou bien est-ce que ces lois, sous prétexte qu'elles sont votées par le peuple, seront intouchables, incontrôlables ? Et là, il y a un vrai débat parce qu'on peut voir, suite à l'initiative citoyenne, des lois qui portent atteinte aux droits fondamentaux, aux droits de l'homme, je pense par exemple à des référendums sur la question de l'immigration, des référendums sur…

Journaliste : Le retour de la peine de mort.

Dominique Rousseau : Le retour de la peine de mort, par exemple. Donc, si on fait un Référendum d'initiative citoyenne, je crois qu'il serait bon que les lois votées par le peuple puissent être soumises au contrôle du respect par ces lois des droits de l'homme de la déclaration de 1789. Ce qui est important, en démocratie, c'est qu'il y ait un contrôle, c'est qu'il y ait un contrôle sur les lois afin de vérifier qu'elles respectent les droits de l'homme, dans la mesure où les droits de l'homme sont, comment dire, euh, la clé d'entrée dans la démocratie.

Leçon 19

S'interroger sur le droit de vote

 **Activité 7**

En Grèce, nous considérons que voter est très important. Pour nous, le vote est un devoir et non un droit. Ne pas voter n'entraîne pas de sanctions financières, mais peut provoquer des conséquences administratives, qui peuvent même aller jusqu'à la prison pour quelques mois ! Mais cette peine n'a encore jamais été appliquée. Pour moi, avec ou sans obligation, le fait de voter est fondamental, notre futur en dépend ! Et vous, que pensez-vous de l'obligation de voter ? Comment ça se passe, dans votre pays ?

Piste 083. Document 4

Le jugement majoritaire, qu'est-ce que c'est ?
C'est un mode de scrutin qui change tout. Aujourd'hui, dans le monde, on utilise des modes de scrutin qui ont quelques gros défauts. Par exemple, ils obligent les personnes qui votent à choisir un camp. Quel que soit le bulletin glissé dans l'urne, il est compté comme une adhésion totale pour le ou la candidate. On ne peut pas exprimer une opinion nuancée ou bien du rejet. Pourtant, il y a une façon de résoudre tous ces problèmes : le jugement majoritaire. C'est un mode de scrutin mis au point en 2011 par deux chercheurs du CNRS, Michel Balinski et Rida Laraki. Avec le jugement majoritaire, plus besoin de simplifier ou de tronquer son opinion, car chaque personne va pouvoir dire ce qu'elle pense de tous les candidats avec des mots. Ces mots, ce sont les mentions. Elles sont classées dans un ordre croissant, de « à rejeter » jusqu'à « excellent ». On vote en attribuant une mention à chaque candidat. Et si on n'a pas d'avis sur un candidat ? Alors, la mention à attribuer par défaut est « à rejeter ». En effet, il n'y a pas de raison de vouloir comme représentant un candidat dont on ne sait rien. Une fois tous les suffrages exprimés, on regroupe l'ensemble des mentions attribuées à chacun des candidats. Puis, pour chacun, on les classe dans l'ordre. On obtient ce qu'on appelle un « profil de mérite ». Il détaille le score obtenu par les candidats dans chaque mention. Et avec toutes ces informations, comment on choisit ? Eh bien, pour classer les candidats, on prend la mention située pile au milieu du profil de mérite. On appelle cette mention la « mention majoritaire ». Ensuite, il n'y a

plus qu'à comparer les mentions majoritaires des candidats et des candidates pour établir un classement.
Et si plusieurs candidats ont la même mention majoritaire ? Pour les départager, on donne raison au groupe le plus important parmi ceux qui n'ont pas donné la mention majoritaire. Les candidats et candidates sont ainsi toujours départagés pour qu'il y ait un maximum d'électeurs en accord avec la décision prise. Les avantages du jugement majoritaire. Le jugement majoritaire permet aux électeurs d'exprimer pleinement leur opinion et mesure la vraie légitimité de chaque candidat. Plus besoin de voter utile puisqu'on peut évaluer positivement plusieurs candidats. Un candidat de plus ou un candidat de moins, ça ne change rien aux résultats des autres concurrents. Et enfin, le vote blanc devient superflu puisqu'on peut exprimer un avis négatif sur chacun des candidats ou candidates. On peut même décider que si personne n'obtient plus qu'« insuffisant » en mention majoritaire, alors on recommence le scrutin avec de nouveaux candidats. Pour conclure, le jugement majoritaire est, d'un point de vue scientifique, le mode de scrutin le plus robuste. Avec le jugement majoritaire, on peut enfin prendre des décisions qui nous ressemblent et nous rassemblent. Rendons les élections aux électeurs.

Langue & S'entraîner

🎧 Pistes 084 à 094. Vocabulaire
→ *Voir manuel pages 84, 86 et 87.*

🎧 Piste 095. Activité 9
Ex. : 1. C'est une personne qui vote.
2. C'est la boîte dans laquelle on met les bulletins de vote. • **3.** C'est un morceau de papier sur lequel est écrit le nom du candidat. • **4.** C'est le pourcentage des personnes qui n'ont pas voté. • **5.** C'est un système électoral. • **6.** C'est une voix. • **7.** C'est choisir un candidat ou une candidate par défaut.

🎧 Piste 096. Phonétique
Les enchaînements → *Voir manuel page 88.*

🎧 Piste 097. Activité 10
→ *Voir manuel page 88.*

▶ 15 Culture(s) vidéo
C'est quoi, la 5ᵉ République ?
Voix d'enfants : À quoi ça sert ? Ça veut dire quoi ça ? Pourquoi c'est comme ça ? C'est où ? C'est qui, lui ?
Présentateur : Un jour, une question.
C'est quoi, la 5ᵉ République ? C'est le régime politique de la France. Dans une république, le peuple choisit ses représentants. C'est le signe de la démocratie. En France, la république existe depuis plus de 200 ans. Née sous la Révolution française, elle a été mise en place pour mettre fin à la monarchie où un seul homme, le roi, détenait tous les pouvoirs. De guerres en conflits politiques, les républiques se sont succédé jusqu'à l'époque actuelle, avec la 5ᵉ. Mais, pourquoi plusieurs républiques ? Parce que, dans une république, on peut répartir le pouvoir donné par le peuple de différentes façons. Tout est écrit dans la Constitution. Un texte qui précise son fonctionnement. Aujourd'hui, sous la 5ᵉ République, le président a beaucoup de pouvoirs. Par exemple, c'est lui qui nomme le Premier ministre, le chef du gouvernement. Lui qui est le chef des armées. Lui qui peut dissoudre l'Assemblée. Là où sont votées les lois.

C'est Charles de Gaulle, un célèbre homme politique français, qui en a décidé ainsi en 1958. Tu as sûrement entendu parler de lui. Ce fameux militaire de la Seconde Guerre mondiale présida la France de 1959 à 1969. C'est grâce à lui qu'aujourd'hui tous les Français peuvent voter et choisir le président de la République. Or, certains hommes politiques trouvent que le président a trop de pouvoirs. Ils voudraient transformer la république et passer de la 5ᵉ à la 6ᵉ république.
Tu te poses des questions ? Nous, on y répond.

UNITÉ 6 — Comment la technologie transforme-t-elle notre vie ?

Leçon 21
Améliorer un espace de vie

🎧 **Piste 098. Document 2**
Journaliste : Les robots humanoïdes, je le disais en introduction, sont un véritable Graal dans le domaine de la recherche en robotique. Pourtant, ces robots ne sont pas sans poser de nombreuses questions. Techniques, tout d'abord : comment rendre un robot anthropomorphe mobile, souple, autonome, capable de s'orienter ? Mais aussi des questions sociales et éthiques. Jusqu'à quel point, par exemple, peut-on confier à des robots des tâches déjà accomplies par des humains ? Voici donc, parmi tant d'autres, quelques-unes des grandes interrogations que soulève la recherche sur les robots humanoïdes et que nous allons aborder aujourd'hui avec nos invités Sophie Sakka et Abderrahmane Keddar. Mais avant d'en arriver à ces grandes interrogations, il serait peut-être bon de faire le portrait-robot de ces humanoïdes. Sophie Sakka, qu'est-ce qui définit un robot humanoïde ?

Sophie Sakka : Alors, déjà merci. Donc déjà, qu'est-ce qui définit un robot ? Donc le robot, c'est une machine qui est un petit peu particulière, donc. Sa particularité, c'est sa capacité à interagir avec l'environnement, l'extérieur, et à avoir une certaine autonomie dans cette interaction. Donc le robot est à l'interface de plusieurs domaines, donc la mécanique, bien sûr, c'est une machine physique, l'informatique, le système de commande, l'électronique, hein, les capteurs et il va y avoir une boucle qui va se mettre en place, qui va capter les informations à l'extérieur, établir donc une note contrôle et envoyer des informations vers les moteurs, d'accord, et ça tourne comme ça, c'est une boucle qui tourne : capter, traduire et puis…

Journaliste : …transformer, d'une certaine façon.
Sophie Sakka : Transformer. Voilà. Agir.
Journaliste : Abderrahmane… Allez-y, allez-y.
Sophie Sakka : Et donc le robot humanoïde, en particulier, il a la forme inspirée de l'humain, en fait, c'est-à-dire, deux bras, deux jambes, un tronc. Alors vous pouvez avoir des morceaux de robots qui sont humanoïdes. Par exemple, vous avez des yeux humanoïdes, vous pouvez avoir les mains qui sont humanoïdes. Après, il y a différents degrés de précision dans la robotique humanoïde au sens large.

Journaliste : C'est-à-dire qu'une caractéristique humaine, d'une certaine façon, confère à ce robot le qualificatif d'humanoïde ?

Sophie Sakka : Voilà, c'est cela. Donc, l'utilisation du robot, en fait, doit trouver son sens et il doit y avoir maintenant des gens qui vont travailler sur le sens. On est tellement concentrés, et c'est normal, on est tellement concentrés sur le déploiement technologique aujourd'hui que la recherche sur le sens des usages n'est pas faite.

Abderrahmane Keddar : Mais, dans tous les cas, que ce soit dans le secteur médical, que ce soit dans le secteur industriel, les gens nous disent des choses très simples : on veut que le robot fasse les tâches à valeur non ajoutée par les personnes. À aucun moment il faut supprimer la personne pour remettre le robot, non. Il faudra mettre le robot comme un outil qui va aider la personne. C'est un outil qui va aider les aides-soignants, ce n'est pas un outil qui va remplacer les aides-soignants.

Journaliste : On comprend bien, donc, que les robots humanoïdes ne sont pas là pour se substituer aux humains, qu'ils sont des outils d'aide... Pour autant, Sophie Sakka, il y a des questions un peu éthiques, philosophiques même, qui se posent dans le domaine de la robotique humanoïde. Comment vous, vous intégrez ces questions-là, quelles sont ces questions en particulier ?

Sophie Sakka : En tout cas donc, les usages des robots, je pense qu'ils vont beaucoup se développer dans les prochaines années et comme disait, je voudrais juste rajouter ça à ce qu'a dit Abderrahmane Keddar, c'est que la réflexion, c'est réellement ce qu'apporte le robot dans l'accomplissement d'une tâche et que n'apporte pas l'être humain, et ce qu'apporte l'être humain dans l'accomplissement de la même tâche que n'apporte pas le robot. Il y a les deux sens, je pense, qu'il faut étudier dans une application civile, publique en fait.

Journaliste : On comprend bien, donc, c'est passionnant, que les robots nés de l'imaginaire sont confrontés à une frontière imaginaire actuellement. Merci beaucoup à vous deux en tout cas, Sophie Sakka, Abderrahmane Keddar, d'être venus nous parler de cette évolution des robots humanoïdes.

Leçon 22
Prendre position sur les rencontres virtuelles

▶ 16 **Activité 5**
J'habite au Mexique, je fais des études à Mexico, et mes amis et moi allons très souvent sur les réseaux sociaux. Je pense qu'au Mexique, c'est un usage normal. C'est vrai que le Mexique est très grand et nous habitons parfois loin les uns des autres. Ça nous permet de rester en contact avec notre famille. Je poste des photos quasiment chaque jour. Nous avons une image très positive des réseaux sociaux. Nous les utilisons même pour travailler. J'ai rencontré mon petit ami en ligne. Ma mère a trouvé ça bizarre, mais pour moi, c'était normal ; parmi les gens de mon âge, il y a beaucoup de relations qui ont commencé sur Internet. Et vous, que pensez-vous des réseaux sociaux ? Qu'en est-il dans votre pays ?

 **Piste 099. Document 3**

Mélanie Gomez : Elle entre dans ce studio à l'instant, c'est Catherine Blanc. Catherine Blanc, sexologue et psychanalyste à Paris. Aujourd'hui, Catherine, on a une question de Sylvain, que je vais vous lire tout de suite : « Je vais beaucoup sur les sites de rencontres, et j'en fais quelques-unes de sympas, mais je ne trouve pas la perle rare, enfin, en tout cas, quelque chose qui pourrait être durable. Vous pensez que c'est parce que c'est un peu glauque, finalement, comme façon de démarrer une histoire d'amour ? Peut-on vraiment rencontrer l'âme sœur quand ça démarre sur la toile ? » Alors, Catherine, on va aller droit au but. Est-ce qu'il est possible d'avoir, vraiment, une très, très belle histoire d'amour ? Bah j'imagine que oui, enfin.

Catherine Blanc : Bah, évidemment !

Mélanie Gomez : Ces dernières années, vous devez en avoir beaucoup, non, comme ça ?

Catherine Blanc : Bien sûr. C'est-à-dire que... il n'y a pas un seul lieu de rencontre. Il n'y a... Ce n'est que... Qu'est-ce qu'on fait des occasions de rencontre, qu'elles soient sur la toile, qu'elles soient dans la vraie vie, qu'elles soient dans le cadre du boulot, qu'elles soient dans le cadre des relations parfois compliquées, des relations amicales ? Eh bien, de toute façon c'est ce qu'on en fait qui fera que cette relation va prendre un peu plus de densité et qu'on va pouvoir y asseoir une confiance. L'erreur, en fait, de, ce qu'on pourrait dire en tout cas, la problématique de la toile, c'est l'idée de faire des rencontres, des rencontres comme on veut en magasin, puis on dit « Bah... ».

Mélanie Gomez : De surconsommer, peut-être.

Catherine Blanc : Voilà. Je vais essayer ce paquet de lessive, et puis ce paquet de lessive, et puis cet autre paquet de lessive. Sans prendre le temps de... d'aller au-delà de la simple image, par exemple. Regardez comment dans les... sur les sites de rencontre, on fait défiler les visages en disant : « Non, pas toi, pas toi, pas toi, pas toi... ».

Mélanie Gomez : Eh oui. À droite ou à gauche, enfin je sais pas trop comment ça marche, mais, il paraît, c'est d'un côté ou un autre, on élimine, quoi.

Catherine Blanc : C'est ça, et puis je *matche*. Alors on *matche* sur un trait, sur un... et on *matche* pas sur des gens qui, si on les avait rencontrés dans la vie, certainement, on serait tombé en pâmoison. Donc, en réalité, on s'empêche...

Mélanie Gomez : Ça prive un peu, oui.

Catherine Blanc : Voilà. On s'empêche de découvrir un peu plus profondément la relation... la possibilité d'un échange avec l'autre.

Jimmy Mohamed : Bah, quand même, si on vous écoute, on comprend que c'est pas forcément non plus un mode tout à fait sain, sur les sites de rencontre, alors je caricature un peu vos propos, évidemment, mais on a l'impression que c'est un peu le supermarché. On a tellement de choix qu'on sait plus qui choisir, et qu'on devient très exigeant, et qu'on se dit la prochaine fois peut-être que j'aurai mieux. On est à la caisse, peut-être...

Catherine Blanc : C'est ça.

Jimmy Mohamed : ...du mieux, alors que le hasard de la vie, parfois, nous fait rencontrer des gens, sur le lieu de travail, ou des amis, ou au cours d'une soirée, où finalement la magie va opérer, mais d'une façon beaucoup plus simple.

Catherine Blanc : Oui, vous avez tout à fait raison. C'est-à-dire, c'est exactement comme si vous étiez dans un système de jeu. Vous avez gagné dix euros avec votre ticket. Au lieu d'être tout content de vos dix euros, vous dites : « Ah mince, j'ai gagné dix euros, mais si je rejouais mes dix euros, je vais pouvoir gagner... ».

Mélanie Gomez : C'est exactement... Oui...

Catherine Blanc : Et en fait, on n'est jamais dans le plaisir de ce qui se joue là, parce qu'on est invité toujours à une... euh... il y a derrière, pendant que j'ai *matché* cette personne-

là, il y a derrière une autre, qui aurait été beaucoup mieux. Et donc ça peut être extrêmement triste, parce que, c'est exactement la même chose : est-ce que j'ai bien intérêt à me promener en tenant la main de mon partenaire dans la vie, parce que si ça se trouve dans la rue, je pourrais en croiser un autre. Et donc on peut faire ça à l'infini.
Mélanie Gomez : Bien sûr.
Catherine Blanc : Parce que ce qui fait la valeur, c'est la rencontre.

Leçon 23
Imaginer de nouveaux mondes
🎧 **Piste 100. Document 2**
Pascale Samarcq : Bonjour à toutes et à tous. Qu'est-ce que le métavers ? Pour répondre à cette question, nous accueillons aujourd'hui deux spécialistes. Nicole Villers, professeur d'éthique à l'université Paris-Nanterre, et Bruno Hoffmann, chercheur au CNRS et chroniqueur pour Tech News. Merci à vous deux d'être là. Bonjour.
Nicole Villers : Bonjour.
Bruno Hoffmann : Bonjour.
Pascale Samarcq : Nicole Villers, je vais commencer par vous. Est-ce que le public comprend le concept du métavers ? Quelles sont les idées qui circulent ?
Nicole Villers : En fait, c'est assez vague pour la plupart des gens. Le métavers, ils ne le connaissent pas vraiment. Ils confondent les jeux vidéo, l'Internet, la réalité augmentée. Ils n'en ont pas encore fait l'expérience. Par contre, ce qui est sûr, c'est que ça va se développer. Ça, on le sait. Et pour certaines personnes, ce monde parallèle va représenter un univers imaginaire, fictionnel. Pour d'autres, ce sera beaucoup plus proche du monde réel, ce sera une extension de celui-ci. Et puis, certaines personnes vont franchir le cap, intégrer ce nouveau monde, et refuser de vivre dans le premier. Le métavers offrira à ceux-là une sorte de refuge qui sera plus confortable pour eux.
Pascale Samarcq : Si on dit métavers, on dit avatar, n'est-ce pas ? Bruno Hoffman, qu'est-ce que c'est, un avatar ? Et faut-il absolument en avoir un pour faire l'expérience du métavers ?
Bruno Hoffman : Oui, c'est nécessaire. Un avatar, c'est un personnage en 3D qui va vous représenter dans le métavers. Mais attention, ce n'est pas forcément une représentation fidèle de vous-même. Dans un contexte professionnel, l'avatar va probablement être votre clone. On peut même se scanner pour qu'il soit très ressemblant. Eh oui, ça existe. Mais, pour les usages plus ludiques, ça pourra être une fée ou un monstre. Un personnage singulier avec une apparence très éloignée de la nôtre. Aujourd'hui, ces possibilités ne sont pas encore réalisables, mais elles le seront.
Pascale Samarcq : Nicole Villers, est-il possible, aujourd'hui, de dire à quoi le métavers ressemblera dans quelques années ?
Nicole Villers : Eh bien, pour comprendre ce que ça va devenir, souvenons-nous du début de l'Internet. D'abord, ça semblait un peu vague, un peu théorique, mais aujourd'hui cette technologie domine notre monde, sur tous les plans, loisirs, travail. Donc, tout comme pour l'Internet au début, c'est difficile d'imaginer comment le métavers va se développer. Mais on sait que l'éducation, la formation en général l'utilise déjà, c'est le cas avec les chirurgiens par exemple. On pourra y créer aussi des représentations immersives d'événements historiques. Les enfants pourront se retrouver au milieu d'une bataille au Moyen Âge ! L'apprentissage sera plus interactif. Et puis il y a aussi les achats. On essaiera des vêtements dans les showrooms. L'immobilier en fera usage également. Sans parler, bien sûr, des expositions d'art.
Pascale Samarcq : Mais avant de continuer sur l'aspect commercial, j'aimerais revenir aux origines. D'où vient cette idée de métavers ?
Nicole Villers : Je dirais que le vrai début du concept, c'est dans les romans de science-fiction. Dans les années 80 et 90, des auteurs se mettent à imaginer des sociétés dystopiques. On n'utilise pas le mot « métavers » à ce moment-là, mais aujourd'hui nous pouvons le reconnaître dans ces textes. Et puis, il y a les jeux vidéo. Dans *Second Life*, par exemple, on avait la possibilité de créer son avatar. Du point de vue technique, celui-ci nous paraît très basique aujourd'hui.
Pascale Samarcq : Comment faut-il comprendre tous ces termes, euh, « monde virtuel », « métavers », « multivers », « monde en ligne », Bruno Hoffmann ?
Bruno Hoffmann : Eh bien, actuellement, ces notions sont encore un peu floues. Quand ça aura pénétré davantage notre quotidien, on les distinguera mieux. Ça dépend beaucoup de ce qu'en feront les industriels. Comme disait Nicole, ces concepts remontent à quelques années. Si on pense aux jeux vidéo en ligne, on jouait déjà un rôle dans un univers imaginé. Mais, ça, c'était ancré dans le Web 2.0. Ce qui va changer maintenant, c'est les liens qu'on va créer entre le vrai monde et les mondes en ligne, le réel et le virtuel. Un pont sera jeté entre la réalité et le monde imaginaire. Nos activités seront hybridées, autrement dit on pourra acheter un objet dans le monde réel et l'utiliser dans le monde virtuel, ou vice versa.

Leçon 24
Techniques pour... animer et participer à une réunion
🎧 **Piste 101. Document 1**
Magali : Bonjour à toutes et à tous. Alors... Tout le monde est là... J'espère que vous allez tous bien ! Pablo s'excuse de son absence, il est actuellement en déplacement à Toulouse. Voilà. Commençons ! À l'ordre du jour, cette semaine, nous avons deux points à aborder... Mais tout d'abord, je tiens à vous féliciter par rapport au projet « Médipic ». L'entreprise est très satisfaite du logiciel que nous avons développé pour eux l'année dernière. Leur chiffre d'affaires est en hausse de 4 %. Merci pour votre implication dans ce gros projet et encore bravo ! En effet, j'aimerais aborder l'avancement de l'étude de projet pour le café-librairie Millefeuille, puis vous toucher deux mots au sujet de notre présence à Bruxelles, au salon du e-commerce. Et pour finir, si nous avons le temps, nous déciderons de la répartition des tâches pendant les congés des uns et des autres. Sofiane, Marcel, comme vous vous occupez de la librairie Millefeuille, je vous laisse la parole. Pouvez-vous nous dire où en est l'étude du projet ?
Sofiane : Avec plaisir, Magali ! Alors, finalement, c'est plus compliqué que ce que nous pensions, le cahier des charges de l'appel d'offres est vraiment ambitieux. Ils veulent développer leur site et ajouter de nouvelles fonctionnalités, comme la possibilité de faire des achats en ligne, de poster

des avis… Leur budget est beaucoup trop serré pour de tels développements et…
Marcel : Oui, et pardon de te couper Sofiane, j'ajoute qu'en plus, ils hésitent constamment sur certains points, ils n'ont pas l'air de vraiment savoir ce qu'ils veulent…
Sofiane : Oui, effectivement ! Je pense vraiment que nous n'avons aucun intérêt à nous lancer dans un projet incertain, avec un cahier des charges irréaliste.
Magali : Youssef, tu veux intervenir ?
Youssef : Euh, non, non, je suis désolé, je vais vous quitter quelques minutes. Je viens de recevoir un coup de fil très important.
Magali : Oui, aucun problème. Merci Sofiane. En effet, après vous avoir écoutés et avec les éléments dont je disposais déjà, il ne me semble pas intéressant de se positionner sur ce contrat… On a d'autres projets plus intéressants et notre carnet de commandes est plein. Avez-vous des questions ou des remarques sur ce sujet ?
Tous : Non, non.
Magali : Passons alors rapidement au salon du e-commerce de Bruxelles, que nous devons commencer à préparer. Cécile, je te laisse t'occuper du devis du traiteur, comme l'an dernier ? David, pourras-tu commencer à réfléchir aux animations du stand et aux partenaires à inviter ? Marcel et Sofiane, si vous avez des idées, n'hésitez pas ! On refait le point dans une semaine ! Bien, si vous n'avez pas de questions, je vous remercie. Nous n'avons pas le temps d'aborder la répartition des tâches durant les prochains congés, on le met à l'ordre du jour de la prochaine réunion. Très bonne journée à toutes et à tous.

Techniques pour… la médiation : faire un compte-rendu de réunion

🎧 Piste 102. Document 3
Gérard Moreau : Bonjour à tous. Merci d'être là. Heu… On attend quelqu'un ?
Lila : Emmanuelle n'est pas là, elle s'est excusée par mail ce matin, elle avait déjà un rendez-vous prévu.
Gérard Moreau : Ah oui, en effet. Et où est Éric ?
Abdel : Il m'a dit qu'il serait un peu en retard.
Gérard : Bon, il est 9 h 30. Commençons. D'abord, je voudrais vous remercier et vous féliciter pour l'excellent résultat de nos étudiants. C'est une bonne promotion : sur cent dix étudiants, quatre-vingts ont obtenu leur diplôme et partiront en stage. Vingt ont encore quelques modules à valider et des devoirs à rattraper, et huit ont abandonné, en cours d'année, pour raisons personnelles. Notre bilan est très positif et notre formation est de plus en plus reconnue. Alors, nous sommes réunis aujourd'hui pour faire le point sur les inscriptions de l'année écoulée. Puis, Yvette nous présentera les trois candidats aux postes d'assistant. Nous devrons également prendre des décisions sur les cours d'anglais. Auront-ils lieu à l'école ou en ligne ? Et pour finir, on fera le point sur les partenariats. Abdel, tu peux nous parler des inscriptions de l'année écoulée ?
Abdel : Oui, bien sûr ! Voici quelques chiffres : 80 % de nos étudiants inscrits ont payé la totalité de la formation. Pour ceux qui sont pris en charge par Pôle emploi, nous n'avons pas encore reçu tous les virements. Notre formation reste néanmoins bénéficiaire.
Gérard : Tant mieux ! Merci, Abdel. Des questions ? Non ? Alors, passons au sujet suivant : les assistants. Yvette, à vous.
Yvette : Merci, Gérard. Eh bien, nous avons trois candidats pour deux postes : l'un au service des examens et un autre au bureau des inscriptions. Julianne Cimino a un BTS en gestion PME. Elle n'a pas tout à fait le profil, en revanche elle a déjà travaillé dans une école. Antoniu Iohannis vient de Roumanie, où il a fait des études littéraires. Il parle un excellent français. Baptiste Planchet a un diplôme de comptabilité et de gestion, mais il souhaite déménager à Bordeaux dès la mutation de sa femme. Alors, à mon avis…
Bian : Pardon de vous couper la parole, Yvette, mais est-ce qu'on peut voir leurs CV ?
Yvette : Bien sûr. Voulez-vous que je fasse des copies ?
Bian : Non, ça ira, merci.
Éric : Bonjour, veuillez excuser mon retard…
Gérard : Pas de problème, nous en étions à l'étude des CV des candidats pour le service des examens et le bureau des inscriptions.
Yvette : Voilà. Alors, à mon avis, Baptiste a un profil intéressant, mais son projet de déménagement élimine sa candidature d'office.
Gérard : Alors, si je vous comprends bien, Yvette, vous verriez Madame Cimino au service des examens et Monsieur Iohannis au bureau des inscriptions ?
Yvette : C'est cela, oui.
Gérard : Nous allons étudier ces CV tranquillement et nous reviendrons vers vous. Si vous recevez d'autres candidatures d'ici là, n'hésitez pas à nous les faire parvenir ! Continuons. Concernant les cours d'anglais, on va les refaire en présentiel, sinon les étudiants ne les suivent pas. Li-Nah, vous souhaitez intervenir ?
Li-Nah : Alors ça veut dire qu'on va embaucher des profs ?
Gérard : Oui, tout à fait. Nous en avons déjà discuté avec Yvette, c'est elle qui s'en chargera. Merci. Oh là là, c'est l'heure ! Je ne vous ai pas parlé des partenariats pour l'année prochaine. Ce sera le premier point à traiter pour la prochaine réunion de service. Merci à toutes et à tous. On s'arrête là. Allez, bonne journée.

Langue & S'entraîner

🎧 Pistes 103 à 108. Vocabulaire
→ *Voir manuel page 99.*

🎧 Piste 109. Activité 4
Personne 1 : Une des grandes pistes de cette technologie est de perfectionner des humanoïdes. • **Personne 2 :** C'est un des enjeux de la société vieillissante. Il faut absolument permettre aux personnes âgées de rester chez elles. • **Personne 3 :** Ces activités ludiques et de logique permettent à leurs utilisateurs de réfléchir. • **Personne 4 :** Ils apportent une réelle assistance aux personnes âgées ou malades. • **Personne 5 :** Les écrans tactiles constituent une véritable avancée pour faciliter l'utilisation de ces robots.

🎧 Pistes 110 à 116. Vocabulaire
→ *Voir manuel pages 100 et 101.*

🎧 Piste 117. Phonétique
L'accent d'insistance → *Voir manuel page 102.*

🎧 Piste 118. Activité 9
→ *Voir manuel page 102.*

▶ 18 Culture(s) vidéo
La réalité virtuelle, c'est aussi ça !
Vous avez reçu un casque VR récemment, et vous ne savez pas forcément encore tout ce que vous pouvez faire avec ?

Eh bien, au-delà des jeux, il y a, en réalité, énormément de possibilités et la première est de visiter le monde. Vous avez, par exemple, *Google Earth Sphere*, qui vous permet de vous retrouver n'importe où sur la planète à 360°. Assez peu connu, et gratuit, mais nécessitant un PC, il pourrait parfois vous surprendre. On retrouvera également des expériences sur le *Quest*, comme *National Geographic VR*, ou *Brink*, qui vous feront visiter des parties du monde avec plus de détails, et parfois quelques interactions. Au-delà de simples visites, vous pouvez surtout vous cultiver et apprendre de différentes manières en VR. On pensera, par exemple, aux très nombreux musées virtuels. Ou encore, aux nombreux programmes de découverte, comme la maison d'Anne Frank en VR. Après des efforts intensifs, une journée de boulot chargée, ou encore la marmaille qui vous a mis une tête comme une pastèque, quoi de mieux qu'un peu de détente avec votre casque VR ? Posé confortablement, et surtout immergé dans un monde calme, et enfin tout seul, vous pourrez effectuer des tas d'exercices de méditation contrôlée pour vous ressourcer, que ce soit *Guided Meditation VR*, *Tree*, ou encore *Maloka*, chacun des programmes aura ses atouts propres selon ce que vous recherchez. En tout cas, que vous préfériez simplement des visuels et des ambiances idylliques et apaisantes, ou des formes géométriques psychédéliques permettant de se focaliser sur sa respiration, il y aura bien de quoi finir par vous reposer et vous relaxer. On notera également des programmes faisant la jonction entre le sport et la relaxation, puisque l'on peut trouver, par exemple, du tai-chi en VR. Et pour notre plus grand plaisir, l'un des atouts majeurs de la VR est le fait de pouvoir regarder des films, soit tout seul devant un écran géant, soit de partager entre amis une séance de cinéma privée. Des logiciels comme *Big Screen* permettront des merveilles à ce sujet. Mais ce qui nous emballe le plus, ce sont des courts métrages spécialement conçus pour la VR…

UNITÉ 7 — À quoi sert l'école ?

Leçon 25

Décrire une manière d'apprendre

Vidéo 19. Activité 6

En Corée, l'enseignement est très sélectif et nous travaillons énormément. Notre année scolaire se divise en deux semestres. L'un commence en mars et l'autre en septembre. Nous sommes à l'école du lundi au vendredi, et parfois même le samedi. Moi, j'ai fait aussi le Yaja, c'est-à-dire qu'on reste à l'école jusqu'au soir. Il faut dire aussi que, généralement, nous restons dans la même salle toute la journée. Ce sont les professeurs qui se déplacent. Et quand un professeur entre, tout le monde se lève. Bien sûr, nous portons un uniforme. Le système est strict. Mais c'est tout à fait normal pour nous. Savez-vous que les parents peuvent consacrer 20 % de leurs revenus pour l'éducation ? Je sais, ça paraît énorme ! C'est parce que la sélection est très stricte pour l'entrée à l'université. En Corée, nos parents, mais aussi l'école, nous apprennent le respect des ancêtres, les valeurs et la manière de se comporter en société. Et vous, que pensez-vous de votre système scolaire ?

Piste 119. Document 3

Journaliste : L'école dans la nature, est-ce l'école du futur ? Bonjour, Sylvain Wagnon !

Sylvain Wagnon : Bonjour !

Journaliste : Vous êtes professeur en sciences de l'éducation à l'université de Montpellier. Si on replace cette question de l'école en plein air dans une perspective historique, quand et comment est née l'idée que, sur le plan pédagogique, l'extérieur pouvait constituer un nouvel horizon pour les apprentissages des enfants ? Sylvain Wagnon.

Sylvain Wagnon : Eh bah, écoutez, ça date depuis très longtemps, mais ce qu'on peut marquer, c'est qu'au début du XXe siècle, les pédagogues d'éducation nouvelle, si on pense au Belge Ovide Decroly qui dit que finalement la classe, c'est quand il pleut. C'est assez clair, hein. Et…

Journaliste : La classe, c'est quand il pleut. C'est une belle formule.

Sylvain Wagnon : Eh oui, voilà. Et puis, ou Élise et Célestin Freinet, avec leur classe-promenade. C'est vraiment la volonté de sortir de l'école et de proposer une pédagogie qui prenne finalement en compte l'ensemble des facettes heu… d'un enfant.

Journaliste : Et alors, ça se déroule de quel âge à quel âge, selon eux, et puis quelles sont les méthodes utilisées pour faire classe en plein air ?

Sylvain Wagnon : Bah écoutez, pour eux, bon, c'est plutôt des pédagogues, on va dire de l'école maternelle ou du primaire, mais c'est une question qui est quand même beaucoup plus large. Aujourd'hui, on se rend compte qu'en allant à l'extérieur, c'est d'être dans un autre lieu, un autre espace, que la relation avec l'enseignant change, c'est clair. Et puis aussi qu'il y a beaucoup plus d'expérimentations, d'observations. Donc des pratiques pédagogiques réelles et structurées qui apparaissent en plus véritablement, permettant un développement de ce qu'on appelle une éducation intégrale. C'est-à-dire de prendre en compte, pour un individu, son intellect, mais aussi son corps et son affect.

Journaliste : Bon, alors, on peut par exemple créer un potager au sein de l'école, ou alors essayer de vivre l'école avec des animaux, en présence d'animaux. Ça, ce sont des méthodes qui sont déjà expérimentées, même pour les classes qui ne sont pas dans la nature, Sylvain Wagnon.

Sylvain Wagnon : Mais vous avez tout à fait raison. L'idée, c'est que ce n'est pas une vraie révolution pédagogique, mais c'est une façon différente aussi, une approche différente. Les exemples que vous donnez sur les potagers sont assez intéressants parce que justement, ils nous montrent en tout cas que cette pédagogie en dehors peut se faire en ville et c'est justement aussi une des caractéristiques. C'est pas que le monde rural qui est touché. On voit la plupart des villes, Montpellier mais aussi Paris, parlent de végétalisation des cours d'école. C'est un moyen aussi, non pas de se reconnecter, mais de permettre aux enfants d'être en lien avec la nature et d'observer en réalité cet environnement qui est le leur.

Journaliste : Sur le plan des apprentissages, justement, que permet de développer une école en plein air, donc une école qui serait plus proche de la nature, ou une école de la nature, mais bien souvent il n'est pas possible d'aller jusque-là, Sylvain Wagnon ?

Sylvain Wagnon : Oui, tout à fait. Bah, ce qu'on se rend compte, c'est parce qu'il y a des pays qui sont quand même un peu en avance, il faut être clair là-dessus. On voit que les pays scandinaves, les Pays-Bas sont… ont permis de montrer que, quand on fait une classe à l'extérieur, déjà, le lien avec l'enseignant est très différent, c'est-à-dire que l'enseignant va beaucoup plus se servir de ce que vont penser les élèves et puis surtout, surtout, moi ça me semble quelque chose d'important, c'est que ça va empêcher la segmentation des connaissances, de ces disciplines scolaires. On va peut-être pas faire des maths, du français, des sciences, mais on va réfléchir, en réalité, à une question, on va se poser des réflexions et qui vont en réalité nous amener à utiliser toutes les disciplines. Et ça c'est quelque chose qui peut apparaître comme révolutionnaire dans notre système français où les disciplines scolaires sont très cloisonnées. Faut quand même le remarquer.

Leçon 26
Commenter des inégalités

🎧 **Piste 120. Document 3**

Voix off : Née en 1978 à Paris, fille d'émigrés maliens, c'est du haut de ses douze ans qu'elle remporte chez les benjamins le titre de championne de France de boxe française. En 1999, Aya Cissoko domine sa catégorie en obtenant les titres de championne de France et championne du monde de boxe française amateur. Elle confirme son titre de championne du monde de boxe française en 2003, faisant preuve d'une technique remarquable et d'une farouche volonté de vaincre.

Aya Cissoko : La pratique de la boxe, ça va m'apporter une rigueur, ça va m'apprendre aussi à être endurante, à résister face à l'adversité, à résister dans l'effort, à découvrir mon corps. Il va devenir mon outil de travail, donc à le respecter, à en prendre soin. Je vais apprendre aussi que je suis forte, je suis en capacité de m'astreindre à des entraînements qui sont… qui sont longs, qui sont durs… Et puis je vais aussi apprendre à occuper l'espace, parce que la boxe, c'est considéré comme un sport dit « d'homme », et donc moi je suis une petite gamine qui arrive enfin dans un sport où les femmes sont très peu nombreuses, et donc je vais apprendre à m'affirmer, à prendre ma place. Ça va être aussi un formidable outil pour extérioriser ma colère, pour ne pas m'abîmer moi-même ou abîmer, enfin, celles et ceux qui m'entourent. En fait, la boxe va précéder, finalement, les mots. J'ai été triple championne du monde de boxe. Lors de la finale des championnats du monde, à New Delhi, je me blesse gravement. Je sais qu'il faut que je reprenne mes études et j'apprends, enfin, quelques mois après, que Sciences Po ouvre ses portes aux sportifs de haut niveau. Et… euh, l'aventure commence comme ça. Alors, c'est beaucoup de travail. Enfin, j'avoue que je ne m'y attendais pas. J'ai sous-estimé la somme de travail qu'il fallait fournir. Mais ça va. Je suis allée à bonne école. J'étais sportive, enfin, travailler, on sait ce que c'est, et puis je sais aussi que c'est une opportunité, enfin qui se représentera pas. Donc, je me donne à fond. Il y a énormément de professeurs qui vont m'aider. Enfin, tout au long… tout au long de mon parcours… et des professeurs avec qui je suis encore en contact. Si je devais en citer une, c'est Emmanuelle Huisman-Perrin que j'ai rencontrée lorsque j'étais à Sciences Po. C'est une femme extraordinaire. Et puis, en fait, j'ai une anecdote la concernant. Je sais que je l'avais appelée à l'époque parce que, enfin, j'étais au bord du burn-out, parce que… énormément de travail, et donc je l'appelle, en disant : « Écoutez, là, je sais pas, j'y arrive pas, j'ai du mal. J'y arrive pas, à structurer, enfin, le devoir que je dois vous rendre », et elle me dit : « Bah, écoutez, venez à la maison. » Enfin, moi, déjà, je bug. Enfin, moi, j'ai jamais eu l'habitude, enfin, qu'un prof me dise : « Venez chez moi ». Pour moi, c'est… Enfin, c'est juste hallucinant ! Donc, je sonne à l'interphone, personne ne répond. Là, je me dis : « Bah, tu vois ? Voilà ! Les choses rentrent dans l'ordre. C'est toi qui as mal compris. » Finalement, elle m'ouvre la porte. Elle me dit : « Excusez-moi, j'étais dans mon trou juif. Je vous ai pas entendue. » Et moi, je bug, enfin, je me dis : « Qu'est-ce qu'elle me raconte ? » Elle me dit : « Mais vous n'avez jamais lu Romain Gary ? Madame Rosa ? » Je lui dis : « Bah, non. Je connais pas. » Elle me dit : « Bah, écoutez, lisez-le, ça va être génial ! » Mais juste la manière dont cette femme me parle – parce qu'elle aurait pu me parler enfin de manière hyper condescendante : « Mais attendez, Romain Gary, c'est un classique de la littérature française ! » – mais juste la manière dont elle parle, déjà je me dis : « Waouh ! » Cette femme avait compris effectivement qu'on n'est pas… enfin, ce capital culturel ne faisait pas des gens moins intelligents. C'est juste qu'on n'avait pas, on n'avait pas juste les mêmes chances. Enfin, que nous aussi avions des, enfin, d'autres luttes à mener. Et que, ça justifiait aussi… euh, ce manque de bagages.

Et rien que ça, en fait, c'était extraordinaire. Ça m'a confortée dans le fait que j'étais légitime à être dans ce type d'établissement. C'est-à-dire que dans un premier temps, en fait, j'ai tendance à frôler les murs, parce que je me sens pas à l'aise, parce que ce ne sont pas mes codes. Ce sont aussi des élèves qui se… enfin, qui… qui se meuvent avec tellement d'aisance. En fait, ils sont chez eux. Au fur et à mesure de nos discussions, de nos échanges, en fait des travaux aussi que l'on va rendre, je me rends compte, au fait que… mais que j'ai rien à leur envier, à ces jeunes. Que mon expérience, que le parcours qui est le mien, en fait, m'apporte une connaissance sur le monde, qui est une véritable plus-value pour ce type d'établissement. Et ça, c'est vraiment important de le dire enfin aux jeunes adultes issus de quartiers populaires, en fait. « Si, on a besoin de vous, et c'est pour ça, en fait, qu'on vous prend dans ce type d'établissement. » J'ai pris la décision de poursuivre mes études parce que, d'une part je n'ai jamais conçu la boxe comme un moyen de m'élever socialement. C'est-à-dire, qu'on a tendance à imposer, enfin, le discours selon lequel, quand on est enfant de pauvres, quand on grandit dans un quartier populaire, que le sport serait le seul moyen, enfin, d'émancipation pour nous. Absolument pas. Pour moi, il y avait cette volonté de continuer à nourrir mon cerveau, à grandir intellectuellement, à m'émanciper aussi. Je savais que ça passerait par les études. Et puis les études, enfin qu'on le veuille ou pas, de toute façon, c'est une manière d'imposer le respect.

Leçon 27
Parler d'un parcours atypique

🎧 **Piste 121. Document 2**

Claire Chazal : Alors, fils unique dans une famille plutôt modeste, c'est votre grand-mère qui vous emmène vers la couture, vers cette envie de dessiner pour des robes.

Jean-Paul Gaultier : Tout à fait. C'est-à-dire qu'elle m'a laissé, en fin de compte, une totale liberté. C'est-à-dire, j'ai pu voir tout, enfin, à travers la télévision. D'ailleurs, je suis vraiment un enfant de la télé.
Claire Chazal : C'est ce qu'on voit dans le spectacle, d'ailleurs.
Jean-Paul Gaultier : Tout à fait. C'est-à-dire que c'est là où j'ai vu... comment... En effet, d'abord la revue des *Folies Bergère*, qui m'a vraiment... J'ai vu, c'était une première, un tout petit bout d'une première. Il y avait monsieur Derval, le directeur, et c'est... donc descendaient des cintres, des filles, avec des bas résille, des plumes, et tout. J'ai trouvé ça merveilleux. Après j'ai dessiné ça, et ça m'a fait, d'ailleurs, être un peu plus populaire que je ne l'étais... comment... à l'école. Le fait de dessiner ça, et que l'institutrice voulait me punir.
Claire Chazal : Mais pourquoi ce... comment comprenez-vous que vous avez un don pour le dessin ? Parce que c'est vrai, vous dessinez très tôt, très jeune.
Jean-Paul Gaultier : Je ne l'ai pas compris. Je crois que je l'ai fait, tout simplement. C'est-à-dire que, d'abord, au départ, je voulais... je voulais une poupée. Bon, habillée quand même. Je voulais habiller.
Claire Chazal : Vous avez eu un ours.
Jean-Paul Gaultier : Donc j'ai eu l'ours, et du coup je lui ai mis les seins coniques, avant Madonna et avant mes propres collections. J'ai mis les seins coniques pour que je puisse l'habiller comme une poupée. Donc je l'ai habillé, et... et puis... et puis après, bah, le dessin, j'ai dû dessiner. À l'école on le faisait, et moi donc j'ai fait mon dessin, mais c'est seulement par rapport aux femmes, par rapport aussi à ce que je voyais à la télévision. Je voyais comment il y avait quelqu'un qui coupait, et tout, sur la table, et tout. Et je voyais ça, et... merveilleux ! Et après je prenais un napperon de ma grand-mère, je faisais un trou au milieu. J'ai essayé, ça a fait une jupe, enfin voilà. Et j'ai vu un film aussi, *Falbalas*, avec Micheline Presle, et ça, ça a été la révélation. C'était plus les Folies Bergères, mais c'était faire de la mode. Mais, de la mode... c'était de la mode à travers un film. Donc, ça veut dire que c'était par rapport à un défilé, à un spectacle. En fin de compte, il y avait la belle lumière sur Micheline Presle, mais aussi sur les mannequins, et les personnes regardaient. Et en fin de compte j'ai vu que ce spectacle-là, c'était beau, c'était celui que je voulais faire. Alors j'avais compris en voyant le film qu'il fallait aussi donc faire des essayages, faire des robes, qui soient plus belles et qui mettent en valeur la beauté, qu'il y avait une muse. Ça m'a appris tout, en fin de compte. J'ai appris, non pas par une école de mode, mais par des films, par ce film en particulier.
Claire Chazal : Mais, on l'a vu, les débuts ne sont pas faciles ! Enfin, il y a Pierre Cardin, bien sûr, qui vous met le pied à l'étrier. Vous êtes stagiaire, et c'est très important. Mais il y a, quand même, évidemment, des difficultés avant de présenter vos propres collections. Mais vous ne vous découragez jamais (enfin, on a le sentiment, chez vous). Et on voit votre sourire, votre... peut-être cette nature, qui est assez joyeuse... C'est ce que dit Charlotte Rampling, d'ailleurs : « Il est ludique... »
Jean-Paul Gaultier : Si vous voulez, je crois qu'une chose, c'est que, avant que je fasse... que je commence à travailler, donc quand j'étais au lycée, je mentais. Je m'inventais une histoire. Je disais, par exemple, « Regardez là, ça, là... », pour me rendre intéressant, « Vous voyez, c'est ma cousine là, le top-modèle qui est là. » À l'époque, on disait pas « top-modèle », mais « le mannequin qui est en couverture du *Elle* », par exemple, pour me rendre intéressant. Et du coup, à partir du moment où j'ai été pris chez Cardin, je me suis dit : « J'ai plus droit de mentir, maintenant. » Parce que, je fais mon rêve, donc maintenant c'est dans la vérité, et j'ai commencé. Eh bien, j'ai commencé sans argent. Et je crois que ça, c'est très bien. J'ai commencé donc avec mon ami, Francis, qui... avec lequel... qui m'a donné la force et le courage de me lancer sous mon propre nom, sans aucun argent, et le fait de ne pas avoir d'argent, je crois que c'est quelque chose de très bien parce que justement ça donne la possibilité de... Je sais, au fond, qu'avec rien, je peux faire quelque chose. Et ça, c'est une grande force, je crois. Et ça m'a permis, tout au moins, d'être libre, d'être libre jusqu'à... jusqu'à... jusqu'à encore, mais, maintenant ! Puisque, la preuve : je réalise le premier rêve, qui était, donc, de faire, aux *Folies Bergère*, une revue.

Langue & S'entraîner

🎧 Piste 122. Activité 3
Ex. : C'est une pédagogie qui s'adapte à tous.
a. Nous aimerions un système scolaire où les enfants se sentent bien. • **b.** C'est la seule école qui propose une pédagogie différenciée. • **c.** Il existe plusieurs classes qui alternent théorie et pratique. • **d.** Connaissez-vous des pratiques d'enseignement qui s'adaptent à leur public ? • **e.** Ce sont des expérimentations que l'on admire. • **f.** Y a-t-il beaucoup d'innovations pédagogiques dont on parle souvent ?

🎧 Pistes 123 à 144. Vocabulaire
→ *Voir manuel pages 115 à 117.*

🎧 Piste 145. Phonétique
Le [ə] prononcé ou muet ? → *Voir manuel page 118.*

🎧 Piste 146. Activité 10
→ *Voir manuel page 118.*

🎧 Piste 147. Activité 11
→ *Voir manuel page 118.*

▶ 21 Culture(s) vidéo
Dix-huit kilomètres trois
Fille 1 : Alors, ça va, la pêche aux moules ?
Ri : Chut ! Tu vois pas qu'on est en pleine opération, là ? Lilou, là, là !
Fille 1 : Ha ha ! Ah, les cassos ! Il vous fait la misère, le poisson ?
Fille 2 : Ah ce bâtard ! Il nous a esquivées.
Lilou : Mais non c'est parce que tu as gueulé. Là, il nous a entendues.
Fille 2 : Ah ouais ? Et si j'avais pas gueulé, comment tu aurais su que c'était maintenant ?
Lilou : On n'a qu'à trouver un signal plus discret. Genre, euh...
Fille 1 : Euh, les filles, faut peut-être qu'on se tire, là.
Lilou : Attends, attends, j'ai une idée.
Fille 1 : Eh !
Fille 2 : Oh, c'est pas moi, c'est Lilou. Elle veut ramener un poisson à Lucie, moi je l'aide.
Fille 1 : C'est ça. Le temps qu'on arrive, il sera pourri, ton poisson. Pauvre meuf !
Fille 2 : Compagnie, halte ! C'est la pause.
Fille 1 : Sécurisation du périmètre !

Lilou : Tu crois qu'on va la trouver facilement, Lucie ?
Fille 2 : Bah, t'inquiète. On l'attendra à la sortie du collège.
Lilou : Donc, tu sais où c'est ?
Fille 2 : C'est une petite ville, elle m'a dit. Il doit pas y en avoir cinquante.
Lilou : Oh, elle va être trop contente de nous voir !
Fille 2 : Merde, merde, merde.
Gendarme 2 : Ils en peuvent plus de vous au foyer, là.
Fille 2 : Eh, c'est bon. Foutez-nous la paix !
Fille 1 : Il se prend pour qui ? Vas-y, lâche-nous.
Gendarme 2 : On y va !
Fille 1 : Dégagez là ! Casse-toi. Eh !
Gendarme 2 : Vous arrêtez !
Fille 1 : Lâche-moi !
Lilou : Cassez-vous, je vais chez Lucie, moi ! On nous a dit d'accord.
Gendarme 2 : N'importe quoi !
Femme : Simon, dans ta chambre ! Oui, on verra ça demain ! Allez, on éteint ! Tout le monde dort !

UNITÉ 8 — Le travail a-t-il le même sens aujourd'hui ?

Leçon 29

Expliquer des tendances professionnelles

🎧 **Piste 148. Document 2**

Je ne suis pas un patron de gauche… mais ça n'empêche pas d'être social, au contraire ! La semaine de quatre jours, on l'a tous vécue. Et on la vit tous les ans, tous, à chaque fois qu'il y a un pont dans la semaine. C'est une semaine qu'on n'a pas vu passer, on est reposé et on aimerait n'avoir que des semaines comme ça, et on se le dit tous, quel que soit le poste qu'on a, quand on passe une semaine de quatre jours. Si je vous donne un chiffre qui peut montrer qu'effectivement la productivité est là : sur l'année qui vient de passer, on a fait 47 % de croissance. Il y a un an, on était mille, aujourd'hui, on est à peu près mille toujours. Si je prends dans la société, ça n'a pas généré autant d'emplois que j'imaginais, ça m'a coûté moins cher que prévu, je pense qu'on est à cinq ou six emplois créés. Par contre, moi, quand j'imagine le modèle de façon plus large, quatre jours, ça libère un jour à chaque personne, un jour où les gens vont devoir s'occuper. Et je suis sûr qu'il y a une quantité d'emplois indirects, qui serait énorme, si demain de plus en plus de sociétés passaient à la semaine de quatre jours, parce que ben les gens se mettraient à faire du sport, à faire des loisirs, à aller faire leurs courses à des heures où aujourd'hui il n'y a pas forcément grand monde dans les magasins et où il y aurait besoin de plus de monde. Donc je pense que, par ricochet, c'est une mesure qui crée de l'emploi. Il faut pas penser en question d'heures, il faut pas se dire : « Les trente-cinq heures ont foiré, donc les trente-deux heures en quatre jours vont foirer. » Il faut vraiment poser sur la façon dont vont vivre les gens à travers quatre jours, quand je l'ai posé sur le papier, je me suis dit : « Mais je vois pas où est le bug », et effectivement, même si les trente-cinq heures c'était plus chiant à gérer pour les entreprises, autant le quatre jours c'est beaucoup plus facile à gérer et ça apporte tellement de bien-être, derrière, aux équipes, d'avoir ce jour en plus que… une fois qu'on a passé ce cap dans la tête, je pense qu'on arrive à comprendre le sens. Alors il y a beaucoup de patrons qui m'ont contacté quand on l'a annoncé. Dans un premier temps, c'était : « On va observer. » Maintenant, il y a d'autres patrons qui me contactent en me disant : « On a besoin d'encore plus de recul, mais c'est intéressant, Laurent, ce que tu fais. » Et depuis quelques jours, j'ai des patrons qui me contactent en me disant : « Est-ce que tu peux m'envoyer l'accord que vous avez signé ? Est-ce qu'on peut se rencontrer pour en parler, parce que je commence à y réfléchir ? » Donc, on commence à inspirer. Ce que j'ai essayé de faire, en fait, je suis pas en mode : « C'est la solution, passez-y tous », mais en tout cas : « Réfléchissez à cette solution, parce qu'elle fonctionne très, très bien chez nous. » Pour moi, cette mesure, elle est apolitique parce que, finalement, elle est sociale, donc oui, plus de gauche, mais si je regarde les résultats économiques de l'entreprise, elle est totalement économique parce qu'à la fin je suis gagnant, aujourd'hui. Elle convient aux deux bords et j'ai tendance à dire qu'elle est apolitique et que c'est un sujet qui est « transpartis », en fait.

▶ 22 **Activité 4**

En 2022, chez nous, en Belgique, la semaine de quatre jours a été mise en place. Le temps de travail n'a pas été réduit, nous devons toujours travailler 38 heures par semaine. Mais désormais, nous avons la possibilité de répartir ce temps sur quatre jours, ce qui fait 9h30 de travail par jour. L'accord de l'employeur est nécessaire, mais s'il refuse, il doit se justifier. Je trouve ce système très intéressant, il permet une grande flexibilité, par exemple pour les parents avec des enfants en garde alternée. Comme ce n'est pas obligatoire, les personnes désireuses de travailler cinq jours par semaine peuvent continuer à le faire. Et vous, que pensez-vous de l'organisation du travail sur quatre jours ? Est-ce que ce serait possible dans votre pays ?

Leçon 30

Analyser la place du travail

🎧 **Piste 149. Document 2**

Journaliste : Et cet invité, il est justement à l'origine de la situation française sur ce droit à la déconnexion. Bonjour, Bruno Mettling.
Bruno Mettling : Bonjour.
Journaliste : Ancien DRH d'Orange, aujourd'hui à la tête du cabinet de conseil Topics, vous avez rendu en 2015 un rapport sur le droit à la déconnexion, qui a donné lieu à une loi. Alors, qu'en est-il aujourd'hui, est-ce qu'un salarié peut se prévaloir de son droit à la déconnexion pour tout simplement ne pas répondre à ses mails en dehors de ses heures de travail ?
Bruno Mettling : C'est la définition du droit à la déconnexion. Personne ne doit se voir reprocher de ne pas avoir été connecté en dehors de ses heures de travail. Alors, ça, c'est le droit, donc il y a un droit, une référence…
Journaliste : Dans le Code du travail.
Bruno Mettling : Dans le Code du travail, dans la loi, parce que justement le rapport qu'on avait fait à l'époque a conduit à l'inscription dans la loi. Ensuite, les modalités concrètes de mise en œuvre, parce que c'est ça qui est important, au-delà du principe général, qui est celui qu'on a décrit, sur

lequel n'importe qui peut s'appuyer si on le sollicite et si on le sanctionne – par exemple ne pas avoir été connecté en dehors de ses heures de travail –, la pratique concrète de la mise en œuvre de ce droit, elle se décline entreprise par entreprise dans le cadre des négociations sociales.

Journaliste : On va y venir effectivement, c'est un point un peu particulier, un peu difficile à comprendre avec cette loi. Mais ça veut dire que pour aller plus loin, je peux aller, si je suis sanctionné, voire pourquoi pas licencié, je peux aller devant un tribunal... Les tribunaux, les juges, appliquent ce droit à la déconnexion ?

Bruno Mettling : Absolument, la loi est très claire dans son principe encore une fois. Le juge regardera le cas échéant ce qui a été négocié en interne dans la mise en œuvre du droit pour prolonger l'analyse, mais un salarié, qui encore une fois se voit sanctionné pour ne pas avoir été connecté en dehors des heures de travail, peut tout à fait se prévaloir devant la justice de cette atteinte à son droit.

Journaliste : Alors vous l'avez évoqué, donc, tout ça se négocie, cela dit, entreprise par entreprise...

Bruno Mettling : C'est clair, parce que le problème auquel on a été confronté, je rappelle d'ailleurs que la France a été l'un des tout premiers pays à mettre en place ce droit. Je me rappelle encore de vos confrères américains m'interviewant et se moquant des Français qui ne pensaient qu'à se déconnecter, à ne pas travailler...

Journaliste : On a eu du « French bashing ».

Bruno Mettling : On a eu du « French bashing » à l'époque et, aujourd'hui, toutes les entreprises à San Francisco se prévalent de ce droit à la déconnexion, donc de temps en temps, quand notre pays est en avance dans la défense du droit des salariés, il faut aussi savoir le souligner. Et c'est vrai qu'en Europe, on apparaît clairement aujourd'hui, la Commission européenne nous interroge, on est clairement pionniers pour la mise en œuvre et l'élargissement de ce droit, qui devient indispensable avec le télétravail.

Alors c'est vrai que le problème qu'on a dans la mise en œuvre effective de ce droit – pour tous les salariés et tous les auditeurs qui nous écoutent – c'est la grande diversité de situations. Vous avez des salariés qui sont, j'allais dire, confrontés à des outils de production pour lesquels le droit à la déconnexion ne se pose pas vraiment, dès lors qu'ils ont quitté le lieu de travail. Et vous en avez d'autres, par contre, qui, de par leur métier, prennent le risque d'être en permanence sollicités par l'entreprise ou par les collègues en dehors du temps de travail. Donc on voit bien que c'est compliqué, sur ce droit-là, de définir une règle, les modalités concrètes d'application de la règle, sauf à faire un Code du travail de X pages, et ça n'aurait pas de sens.

Donc c'est vrai que la loi renvoie à une obligation des entreprises à négocier un accord. Alors, sur le contenu de ces accords, c'est vrai qu'ils sont diversifiés, il n'y a que 16 % des entreprises qui vont jusqu'à définir concrètement, par exemple, la non-utilisation des outils le week-end ou passée une certaine heure...

Journaliste : C'est pas beaucoup, 16 %...

Bruno Mettling : C'est pas beaucoup, donc on voit bien que ce droit, il doit être construit et renforcé encore une fois. Et puis ensuite, vous avez des entreprises qui ont – et c'est quand même mieux que rien – défini des chartes de bonnes pratiques pour que tous les collaborateurs soient bien informés des conditions et des recommandations de l'entreprise. Et puis il y a encore trop d'entreprises qui n'ont pas décliné concrètement, à part des principes très généraux, ce droit. Et c'est ça qui est devant nous, parce qu'avec le télétravail, la définition précise de ce droit concret devient évidemment, entreprise par entreprise, indispensable.

Journaliste : Mais pour revenir sur ce que vous avez dit, toutes ces entreprises qui n'ont rien fait, il n'y a pas de sanction qui peuvent être portées contre elles ?

Bruno Mettling : Alors écoutez, moi, en matière de droit social, mon expérience – parce que vous avez vu, j'ai quelques cheveux blancs, vos auditeurs ne le voient pas, mais j'ai quelques années d'expérience – c'est que, quand on a un nouveau droit, sur un terrain qui se construit comme ça, c'est important de ne pas prétendre, j'allais dire tout de suite, à être dans la sanction dans la mise en œuvre. Par contre, je pense que le temps est venu de faire un bilan partagé, d'ailleurs dans le dialogue social, de la mise en œuvre de ce droit, et de voir comment on peut, concrètement j'allais dire, progresser dans la généralisation de ce droit.

Journaliste : Merci beaucoup, Bruno Mettling, un peu le père finalement de ce droit à la déconnexion, qui est désormais inscrit dans la loi.

Leçon 31
Dévoiler des tabous professionnels

🎧 **Piste 150. Document 2**

Journaliste : Vous accepteriez de me donner votre salaire exact ?
Femme 1 : Non !
Femme 2 : On doit dire le tarot, là ?
Homme 1 : Je ne peux pas vous le dire.
Homme 2 : Ça ne vous regarde pas.
Journaliste : Dans ses vidéos, cette tiktokeuse et *data analyst* américaine demande à des inconnus, dans la rue, leur salaire. On a tenté la même expérience en France. Bonjour. Bonjour. Excusez-moi de vous déranger. Excusez-moi ! C'est pour *Welcome to the Jungle*. Bonjour, madame. Est-ce que vous voudriez bien me dire ce que vous faites comme métier, juste, s'il vous plaît ?
Femme 3 : Je travaille à l'Autorité des marchés financiers.
Journaliste : Combien vous gagnez ?
Femme 3 : Ah là, euh... Au-dessus de 2 500...
Journaliste : Vous voulez pas me donner votre salaire exact ?
Femme 3 : Non !
Homme 3 : Je suis ingénieur.
Journaliste : Vous, vous gagnez combien ?
Homme 3 : Euh... Je préfère être discret.
Homme 4 : J'accompagne des commerçants indépendants à monter leur commerce.
Journaliste : Vous voulez bien me donner votre salaire ?
Homme 4 : Non.
Journaliste : Pourquoi ?
Homme 4 : Bah parce que, c'est une information que je préfère garder perso.
Journaliste : Et vous ?
Homme 5 : Je fais le même travail, mais pareil, je donnerai pas mon salaire comme ça, non.
Léa Lejeune : Alors là, c'est typiquement français. Aux États-Unis, il y a vraiment un truc de fierté à gagner beaucoup d'argent, c'est une culture du *self-made-man* ou *self-made-woman*. En France, au contraire, on est gêné

à parler d'argent. Quand on est bien élevé, bien éduqué, en général, on ne parle pas d'argent, on ne crie pas en société combien on gagne.
Homme 5 : Même au sein de mes amis, etc., on ne parle pas trop de ce qu'on gagne ouvertement, quoi.
Journaliste : C'est dérangeant ?
Homme 5 : J'imagine, oui. Sinon je l'aurais, je te l'aurais dit.
Léa Lejeune : Alors, à la fois il y a la question de l'histoire. L'histoire de la France, l'abolition des privilèges, on coupe la tête aux riches après la Révolution française. C'est aussi lié à la culture d'origine catholique, dans laquelle les derniers sont les premiers. Gagner de l'argent, c'est pas forcément vu comme une bonne chose.
Journaliste : Bonjour. Est-ce que je peux vous demander ce que vous faites dans la vie ?
Femme 4 : Assistante achats.
Journaliste : Et ça gagne combien, une assistante achats ?
Femme 4 : Ça, je sais pas exactement. Je sais pas.
Journaliste : Vous connaissez pas votre salaire ?
Femme 4 : Non.
Homme 6 : Je suis directeur de projets.
Journaliste : Vous pourriez me donner votre salaire exact ?
Homme 6 : Non.
Journaliste : Pourquoi ?
Homme 6 : Parce que je le sais pas.
Homme 7 : Pâtissier.
Journaliste : Ça gagne combien, un pâtissier ?
Homme 7 : Ça dépend... 1 500 à 1 700.
Femme 5 : Je travaille dans un cabinet de recrutement.
Journaliste : Combien vous gagnez ?
Femme 5 : Autour de 5 000 euros.
Léa Lejeune : Tout ça, c'est typique. Alors, d'abord, il y a ceux qui ont un trou de mémoire, après ceux qui donnent une fourchette : « Alors, je gagne de tant à tant. » En fait, ils ne veulent pas entrer dans le détail.
Journaliste : Vous accepteriez de me donner votre salaire exact ?
Femme 5 : Non.
Homme 8 : Je travaille dans l'immobilier.
Journaliste : Ça gagne bien ?
Homme 8 : Hein ?
Journaliste : Vous gagnez combien ?
Homme 8 : Ah, ça ne vous regarde pas.
Homme 9 : Courtier en matières premières.
Journaliste : Ça gagne combien, un courtier en matières premières ?
Homme 9 : Je ne peux pas vous le dire.
Journaliste : Pourquoi ?
Homme 9 : Parce que je ne sais pas, la rémunération c'est un peu discret, secret. On n'en parle pas. Et vous me regardez pas pareil. Si je vous dis que je suis avocat et que je gagne 15 000 euros et si je vous dis que, concrètement, je suis au SMIC, bah vous-même vous me regarderez pas pareil. Vrai ou pas ?
Léa Lejeune : Je crois qu'en France, quand on gagne bien sa vie, on est catalogué facilement comme riche, peut-être montré du doigt, peut-être un peu jalousé. Et donc il y a certaines catégories sociales qui en fait hésitent, parce qu'elles n'ont pas envie de créer une forme de jalousie, quoi.
Journaliste : Dans certains pays, on parle de son salaire de manière décomplexée, pourquoi pas en France ?
Femme 6 : Ça m'est égal, moi je vis en France, je suis en France, donc les États-Unis, etc., ça ne m'intéresse pas. Voilà, je trouve que c'est bien de garder un minimum de privauté, de... voilà, de confidentialité en général.
Léa Lejeune : Là on est typique dans la pudeur. Ça ramène direct à : « Mais d'où tu veux que je dise devant tout le monde quelque chose d'aussi intime que combien je gagne ? »
Journaliste : Est-ce que je peux me permettre de vous demander ce que vous faites dans la vie ?
Femme 7 : Eh bah, je suis consultante média.
Journaliste : Ça gagne combien ?
Femme 7 : Pas assez. On doit dire le tarot, là ?
Journaliste : Si vous acceptez de me le dire, oui, je veux bien.
Femme 7 : Bah autour de 40 000.
Journaliste : Vous voulez pas donner exactement votre salaire ?
Femme 7 : Bah si, 42 000.
Journaliste : Et vous, vous gagnez combien ?
Homme 10 : Bah moi, je peux pas le dire devant ma collègue, parce que ça va créer des problèmes.
Femme 7 : Ah bah si, vas-y, dis-le, justement !
Homme 10 : Je gagne 42 000 aussi.
Léa Lejeune : Alors là, on est face à trois collègues, a priori de la même entreprise, qui en fait ne gagnent peut-être pas la même somme, et qui n'osent pas se le dire. La femme parle en premier, du coup l'homme est un peu gêné. Est-ce qu'il gagne plus parce que c'est un mec ? Parce qu'il a mieux négocié ? On ne sait pas trop. Donc il y a une forme de flou et on voit que ça peut créer des expériences un peu ambivalentes, de ne pas savoir ce que gagnent les autres dans son entreprise.
Journaliste : Et vous ?
Homme 11 : Eh bah, moi, c'est pareil je suis à 42 000...
Femme 2 : Non, mais voilà pourquoi ils disent pas leur salaire, en fait !
Homme 11 : Non, moi, je peux le dire, je suis à 49 000 et après il y a des primes qui sont liées à mon salaire. Et je fais le même boulot que Romain, du coup.
Léa Lejeune : La peur de gagner plus ou moins qu'un collègue... En fait il y a un truc, en France, où on respecte assez peu les grilles salariales, on continue à avoir une différence salariale à même poste et même expérience d'environ 9 % entre les hommes et les femmes. Et en fait, si on pouvait négocier dans de bonnes conditions, s'il y avait des grilles salariales, s'il y avait de la transparence, on pourrait résorber ce gap. Cette transparence, elle serait bénéfique pour tout le monde. D'abord pour les salariés, pour savoir ce qu'ils valent, et puis pour les entreprises aussi, ce serait des économies de temps en matière de ressources humaines, des économies de jalousie, de gestion du personnel assez importantes.

Leçon 32

Techniques pour... réussir son entretien d'embauche

🎧 **Piste 151. Document 1**
Recruteur : Merci, madame Chenevier, pour cette présentation de votre parcours. Alors, vous nous avez dit que vous n'aviez pas encore occupé de poste de designer graphique, mais vous avez parlé d'un site que vous avez créé pour l'un de vos amis. Pourriez-vous nous en dire plus ?
Aline Chenevier : Oui, bien sûr. Grâce à mon BTS de designer graphique, j'ai pu créer un site pour une agence immobilière. Dans ce cadre, j'ai à la fois créé le logo, intégré des photos

ainsi que des textes. Je me suis chargée de la mise en pages de l'ensemble des contenus en proposant une interface dynamique tout en respectant les demandes du client.
Recruteur : Très bien. Dites-moi, que pourriez-vous apporter à notre agence ?
Aline Chenevier : Je suis une personne très consciencieuse, capable de s'adapter à toutes les situations, y compris aux périodes de stress. J'apprécie le travail en équipe, mais je suis aussi capable de travailler en autonomie. Je suis également créative, comme en témoigne le site dont je viens de vous parler, et je sais être force de proposition.
Recruteur : Et où vous voyez-vous dans dix ans ?
Aline Chenevier : J'espère gravir progressivement les échelons de l'entreprise et gagner en responsabilité. Avec mon expérience, je serais en mesure d'assurer des missions de plus en plus complexes et mon caractère, mon sens des responsabilités devraient faire de moi une bonne manageuse. J'aimerais être à la tête d'une petite équipe.
Recruteur : Je vois que vous avez de l'ambition. C'est très bien ! Si on vous proposait un poste de trente-cinq heures avec des horaires variables selon l'activité, seriez-vous prête à l'accepter ?
Aline Chenevier : Oui, bien sûr ! Le plus important, pour moi, c'est de me lancer dans le monde professionnel. Je suis disponible et tout à fait prête à m'adapter aux exigences de l'entreprise.
Recruteur : Cela signifie que l'on peut vous demander de rester certains jours jusqu'à dix-neuf heures au bureau ?
Aline Chenevier : Il n'y a aucun problème, je suis bien consciente des contraintes que peut représenter ce type de poste et j'ai choisi ce secteur en connaissance de cause.
Recruteur : C'est noté. L'entretien est terminé, mais je vous laisse la parole pour finir. Avez-vous des questions ?
Aline Chenevier : Merci beaucoup. Oui, j'ai une petite question. Je me suis renseignée sur votre entreprise et j'ai vu qu'elle était constituée de vingt employés actuellement. Pourriez-vous m'expliquer comment sont organisés les différents services ?

Langue & S'entraîner

🎧 Pistes 152 à 154. Vocabulaire
→ *Voir manuel page 129.*

🎧 Piste 155. Activité 4
1. Après le bac, j'ai préparé un diplôme avec des cours théoriques à l'école et de la pratique en entreprise. • **2.** Moi, je pense que je vais profiter de ce pont pour laisser mon ordi au bureau ! • **3.** Télétravail et présentiel en alternance, ça me va très bien ! • **4.** Je suis allé voir mon manager pour évoquer la façon dont mes tâches peuvent se diversifier et faire un plan pour l'avenir. • **5.** On peut très bien travailler moins avec de très bons résultats ! • **6.** Il a plaqué son boulot pour prendre le large.

🎧 Pistes 156 à 163. Vocabulaire
→ *Voir manuel pages 130 et 131.*

🎧 Piste 164. Phonétique
L'expressivité, le ton, l'humeur → *Voir manuel page 132.*

▶ 24 Culture(s) vidéo
L'augmentation
Bonjour Monsieur, je viens vous voir, euh… pour mon augmentation… mon augmentation. Non, je disais, je viens pour… enfin… à propos de mon salaire.
Ah, si, si. J'ai déjà été payée. C'est pas le problème.
Ah, merci.
Donc voilà. En fait, j'aimerais bien avoir une… hmmm… augmentation, quoi. Parce que… bah, la dernière fois que j'ai été augmentée, c'était… euh… jamais.
Si, si. Je suis contente de mon salaire. Mais, bon bah, tout augmente, et puis, alors, avec les crédits, on a quand même du mal à s'en sortir, quoi.
Oh, bah, mon mari, non, il gagne pas beaucoup non plus, hein.
Oui, oui, toujours à l'EDF.
Bah, on paye pas l'électricité, mais on paye tout le reste, quand même.
Pardon ?
L'ambiance sur la chaîne ?
Bah… ça va.
Ma collègue, Jocelyne ?
Ça va.
Ah non, ça va pas ?
« Elle arrête pas de se plaindre. » « Elle a de la chance d'avoir un travail. »
Vous avez raison, hein. Quand on a un travail, c'est déjà beaucoup.
Trois millions de chômeurs ! Ah, oui… il faut pas se plaindre. Mais je voulais quand même vous demander, parce que je comptais un peu sur la prime de Noël… euh… qu'on n'a pas eue, finalement.
La conjoncture ? Et la Bourse ? La Bourse aussi, ça va mal ?
Oh, bah, ça va mal partout, alors.
Ah, non, non. Mais répondez, hein. Si c'est urgent, euh… je vais… je vais attendre.
Ah, non, non. Mais je vous en prie, hein. Je sais ce que c'est que de préparer ses vacances.
Ah, non. Jamais fait de bateau. Mais, on a déjà fait du pédalo.
Ah, vous, vous avez un bateau ?
Un voilier ?
Trente mètres !
Et donc, il y a… Y'a plus de places dans le port de Monaco ?
Mais, comment vous allez faire, alors ?
Vous savez pas ?
Oh, c'est des soucis, ça. Mais, donc, quand même, pour mon augmentation ?
Ah, vous voulez bien ?
Mais vous pouvez pas ?
Parce que, si vous m'augmentez moi, vous augmentez tout le monde ? Oh, bah, oui !
Et là, vous fermez l'usine ? Oh, bah, non !
Oui, oui. Je vais reprendre mon poste. Bon, bah. Au revoir, monsieur.
Pardon ?
Un petit bonbon à la menthe ?
Oh, ça, c'est gentil, ça ! Bon bah, au revoir. Et merci.

Préparation au DELF B2

Compréhension de l'oral

🎧 Piste 165. Comprendre des conversations et des annonces
Lisez les questions. Écoutez le document, puis répondez.

Document 1

Aujourd'hui, pour sa nouvelle saison, *Vocation podcast* vous présente un de ces sponsors, ELINOI. ELINOI est un incubateur qui aide chaque talent à trouver le travail de ses rêves. Pour trouver un premier job, il y a en général deux catégories de personnes. Celles qui ne savent pas du tout comment faire et qui postulent partout et pour n'importe quoi et celles qui se concentrent uniquement sur leur formation, sans considérer d'autres options. Dans les deux cas, les résultats vont se faire attendre et elles finiront souvent par le regretter. Le site ELINOI a développé un accompagnement qui analyse les profils de ses adhérents tous les jours et sélectionne pour eux les meilleures offres d'emploi. S'ouvrir à des pistes que l'on n'avait pas considérées soi-même, tout en économisant son énergie pour postuler uniquement à des postes qui nous ressemblent vraiment, voilà ce que propose ELINOI. L'accompagnement est complètement gratuit et personnalisé. Vous aurez un talent manager personnel qui vous entraînera, vous formera, vous aidera à sélectionner les offres d'emploi les plus intéressantes. Et surtout, il vous préparera et vous aidera à réussir vos entretiens et négocier votre salaire. Bref, il vous donnera tous les conseils pour prendre la bonne décision et trouver le job qui vous correspond vraiment. Vous cherchez un travail ? N'attendez plus, choisissez l'efficacité et inscrivez-vous dès aujourd'hui sur le site elinoi.com.

🎧 **Piste 166.**
Document 2

Journaliste : Je suis aujourd'hui avec mes deux invités, Danièle Adad et Pascal Bihannic. Danièle Adad a enseigné à l'école primaire en ayant à cœur de faire de la classe un lieu serein, bienveillant, dans lequel il fait bon grandir et s'épanouir. Aujourd'hui, elle intervient en formation continue. Pascal Bihannic, lui, est conférencier, coach bien-être pour l'entreprise et les particuliers. Ils ont co-écrit *Bien dans sa tête, bien dans sa classe* et *Objectif confiance en soi*. Avec eux, nous allons parler de ce qui leur tient à cœur : l'estime de soi, la confiance en soi et le bien-être.
Journaliste : Pascal, vous accompagnez des enseignants qui présentent des problèmes d'épuisement professionnel, de burn-out. On sent bien qu'il y a un équilibre à trouver, non ?
Pascal Bihannic : Je dirais plutôt un ordre logique. Être bien dans sa classe, ça commence d'abord par être bien avec soi. Prendre soin de l'enseignant d'abord avant de prendre soin de la classe, parce que l'enseignant n'a pas l'habitude de prendre soin de lui. Tout son esprit est dirigé vers les élèves, mais qui prend soin de l'enseignant ?
Danièle Adad : Oui, et j'ajouterais que l'idée, c'est aussi d'aider l'enseignant à prendre sa part de responsabilité dans la façon dont il voit la classe. « Ce qui se passe dans la classe, comment je peux le percevoir autrement ? Quand je suis bien, ma classe peut être bruyante, mais moi je la trouverai dynamique. Ma perception des choses change parce que je me sens bien. »

🎧 **Piste 167.**
Document 3

Journaliste : Bonjour, nous accueillons aujourd'hui Guillaume Marcellin, qui s'occupe de formations et de coaching au sein des entreprises. Alors, Guillaume, début 2020, le coronavirus a provoqué une crise sanitaire et économique sans précédent. Quelles ont été les conséquences sur l'organisation du travail ?
Guillaume Marcellin : La crise sanitaire a imposé une distanciation sociale inédite. Ainsi, concilier distance et proximité est devenu un défi essentiel pour les entreprises, qui ont dû s'adapter. De nouvelles formes de travail ont fait leur apparition et le challenge, aujourd'hui, c'est de trouver un juste équilibre entre l'organisation avant Covid-19 et celle après Covid-19. Bien adaptée à la culture de l'entreprise et aux besoins du personnel, la flexibilité dans le travail peut stimuler la productivité et déterminer la réussite.
Journaliste : Comment va-t-on pouvoir rendre durable cette nouvelle flexibilité du travail ?
Guillaume Marcellin : La crise a accéléré la digitalisation des organisations et la mise en place de nouvelles façons de travailler. Le travail à distance s'est imposé et, grâce aux outils technologiques – visioconférence, tableau de bord partagé, badge à distance, signature électronique –, le lien avec l'entreprise a perduré. On constate aujourd'hui que la transformation digitale s'est accélérée, ce qui va permettre aux salariés de travailler durablement dans les meilleures conditions. L'après-crise de Covid-19 oblige les entreprises à se réinventer, il s'agit de transformer une menace en opportunité : elles doivent mettre en place un nouveau modèle d'organisation agile entre efficience et résilience.

UNITÉ 9 — Peut-on oublier son âge ?

Leçon 33
Donner des explications

▶ 25 **Activité 6**

Dans mon pays, au Japon, on devient officiellement adulte à dix-huit ans. À partir de là, on est reconnu comme citoyen puisqu'on a le droit de voter et de se marier. À cet âge, on peut louer ou acheter un appartement, obtenir une carte de crédit, et un crédit à la banque. Par contre, l'alcool et le tabac sont interdits jusqu'à vingt ans pour protéger la santé des jeunes. En fait, l'âge de la majorité était fixé à vingt ans jusqu'à tout récemment. D'ailleurs, cet âge fait toujours l'objet d'une fête dans notre pays. Chaque année, le deuxième lundi de janvier, tous les Japonais fêtent *Seijin no Hi*, c'est un rituel de passage pour tous les jeunes de vingt ans. C'est une tradition qui est toujours très présente chez nous… C'est même un jour férié ! Parce que le passage à l'âge adulte est vraiment important pour nous.
Et dans votre pays, est-ce qu'il y a aussi une fête spéciale pour passer à l'âge adulte ? Est-ce qu'il y a eu des changements ces dernières années ?

🎧 **Piste 168. Document 3**

Louise : En montant dans le tram, les marches me sont très pénibles et je suis très essoufflée quand je marche un peu vite ou quand je monte des escaliers. Ça, c'est embêtant.
Dr Trombetti : Louise avait des difficultés dans la vie quotidienne. Des faiblesses de jambes qui ont clairement occasionné quelques chutes. Euh, des phénomènes de dépendance qui commencent à s'installer, et on a clairement suspecté chez elle une sarcopénie.
Journaliste : Une sarcopénie : « sarco » pour « chair » et « pénie » pour « perte ». Plus simplement : fonte de la

masse musculaire. C'est pour ça que Louise a rendez-vous aux hôpitaux universitaires de Genève. Depuis 2016, la sarcopénie est considérée comme une maladie chez les personnes âgées. Mais, une question se pose.
Dr Trombetti : Est-ce que c'est vraiment une maladie ou est-ce que c'est une altération liée à l'âge ? Pour vous donner une idée, donc, on commence déjà à perdre du muscle aux environs de trente ans, vingt-cinq à trente ans. Et cette perte de masse musculaire est énorme. C'est-à-dire qu'on perd à peu près 50 % de sa masse musculaire entre l'âge de vingt ans et quatre-vingts ans.
Infirmière : En vous tenant droite, cinq fois de suite, le plus rapidement possible.
Louise : Oui.
Infirmière : Vous êtes prête ? Partez.
Dr Trombetti : Certains de ces sujets développent des difficultés à cause de cela. Et c'est là que cela devient une maladie.
Infirmière : Trois fois, quatre fois, bravo ! Parfait. C'est tout bon !
Louise : Je suis contente de moi.
Infirmière : Vous arrivez à le mettre un peu plus en avant ? Il faut bien le mettre… Voilà !
Louise : Oui, c'est pas folichon…
Infirmière : Est-ce que vous êtes prête ?
Louise : Oui, j'essaie.
Infirmière : Partez !
Journaliste : L'équipe du docteur Trombetti a développé toute une série de tests pour définir si une personne est sarcopénique.
Infirmière : Parfait. Et c'est tout bon. Bravo !
Journaliste : Louise doit se lever cinq fois d'une chaise, maintenir son équilibre avant de marcher 400 mètres.
Infirmière : Il vous reste un dernier tour.
Journaliste : Ça n'est pas les Jeux olympiques, mais tout de même. Les performances de Louise sont comparées à des moyennes de rapidité qui vont permettre de déterminer le degré de ses capacités musculaires. L'examen confirme que, compte tenu de sa taille et son poids, la musculature de Louise est trop faible par rapport au seuil retenu par l'équipe du docteur Trombetti. Son score l'a fait donc tomber dans la catégorie des personnes souffrant de sarcopénie.
Dr Trombetti : Une maladie qui entraîne précisément une diminution de la masse musculaire et des difficultés en lien avec une faiblesse musculaire.
Louise : C'est pour ça que je tombe, parfois ?
Dr Trombetti : Il est très possible que ces chutes que vous avez présentées soient en lien avec ça. On voit bien, sur ce qui a été fait.
Louise : Et on peut rien faire pour la masse musculaire ?
Dr Trombetti : Alors si, on peut, on peut tout à fait l'améliorer…
Louise : Ah…
Dr Trombetti : …par un programme d'exercices. Et donc actuellement, il n'y a pas vraiment d'autres mesures à faire que celles-ci. Vraiment, l'axe principal de traitement, c'est l'exercice physique.
Louise : Mince. Tout ce que j'aime pas.
Dr Trombetti : C'est extrêmement difficile, on a beaucoup, beaucoup de mal à faire prendre conscience, à éduquer les patients pour leur faire comprendre que vraiment, on est dans une maladie qu'il faut prendre en charge et que l'exercice physique est un traitement de leur maladie.
Journaliste : Sans que l'on en ait conscience, notre musculature fond très rapidement si notre activité physique diminue. Et lorsqu'on n'a jamais appris à aimer le sport, ce n'est pas en vieillissant que cela change car, avec l'âge, l'homme a une tendance naturelle à la sédentarité.
Journaliste 2 : Préserver sa force et ses muscles, c'est un gros travail à un âge où on aspire plutôt à la paix, au repos et où il est normal d'avoir moins d'énergie. Les hormones nous lâchent, l'arthrose nous gagne, ce qui rend l'exercice physique parfois douloureux. Il faut donc des conseils, des activités appropriées et de l'encouragement pour trouver la motivation. Tout ce qu'une politique de prévention intelligente pourrait offrir, vu l'effet d'une bonne musculature sur la santé et le bien-être, vu les économies que cela ferait faire au système de santé. Voilà un investissement que nous serions bien inspirés de réaliser. Argument supplémentaire : préserver ses muscles ou les regagner a beaucoup d'autres effets positifs très intéressants sur la santé, la vitalité et même la silhouette.

Leçon 34
Contester des injonctions

🎧 **Piste 169 à 171. Document 2**

Journaliste : Chère Marie Charrel, on se connaît pas encore, je m'appelle Christine, j'ai quarante-deux ans. On me dit souvent que je fais plus jeune, et ça me flatte, et je déteste que ça me flatte. Je préférerais sincèrement être agacée, mais c'est comme ça. J'ai grandi dans une société âgiste, j'ai choisi un métier âgiste, alors, si je fais pas mon âge, y'a une partie de moi qui se dit « Ben tant mieux, je gagne un peu de temps », alors qu'en vrai je gagne rien du tout. Et si je suis pas encore tout à fait vieille, c'est qu'une question de minutes. En lisant votre livre, *Qui a peur des vieilles ?*, j'ai compris que j'y peux pas grand-chose de cette étrange obsession, qu'on est programmés pour redouter le temps qui passe, que c'est pas bon de devenir vieux et que c'est pire de devenir vieille.
Si le mot « vieille », donc, est dévalorisant, c'est parce que vieillir quand on est une femme est dévalorisé.
Marie Charrel : Oui, et beaucoup plus que pour les hommes parce que, tout au long de leur vie, les femmes sont beaucoup plus jugées que les hommes sur leur corps, sur leur apparence, sur leurs cheveux, sur leur peau, sur leurs kilos en trop, etc. Toute leur vie. Donc forcément, vieillir, pour elles, est beaucoup plus jugé sur les questions d'apparence et du corps. Et donc vu plus durement, et c'est vrai qu'on reproche toujours à une femme de vieillir, quelque part.
Journaliste : Il y a ce double standard que vous évoquez. Chez les hommes, coexistent deux modèles, le jeune homme et l'homme mûr, tandis que, chez les femmes, y'a qu'un seul modèle.
Marie Charrel : Oui, c'est Suzanne Sontag qui écrivait ça déjà au début des années 70, qui disait « Pourquoi il y a ce double standard ? Pourquoi vieillir, chez les hommes, c'est peut-être vu de façon plus positive, avec les idées de sagesse ? ». Même sur les cheveux gris, on voit, c'est beaucoup plus positif une belle chevelure crinière d'argent. Alors que, chez les femmes, même si ça change un peu sur les cheveux gris, mais pas tant que ça, euh, c'est le laisser-aller, c'est la décrépitude. C'est des images beaucoup plus négatives, donc y'a ce double standard, donc, elle déjà, y'a cinquante ans, disait « Mais pourquoi ? D'où ça

vient ? Pourquoi cette injustice ? Qu'est-ce que ça dit de nos sociétés ? Comment essayer de s'en débarrasser ? ». C'est vrai qu'en cinquante ans, les choses se sont plutôt aggravées qu'arrangées.

Journaliste : C'est ça, hein, que vous racontent ces femmes que vous avez beaucoup rencontrées pour ce livre. Plutôt… vous les avez choisies après cinquante ans, c'est ça ? C'est l'âge où il se passe quelque chose ?

Marie Charrel : Oui, c'est ça, plutôt après cinquante ans, à peu près, avec cette idée du cap de la ménopause, comme si c'était une espèce de, de, de… de mort, quelque part. Euh, et toutes les images aussi négatives que charrie la ménopause. Donc j'ai essayé de rencontrer des femmes de tous milieux, des anonymes, des un peu connues, des chercheuses, des penseuses aussi, évidemment. Et alors, tout ce qu'elles m'ont dit est très varié. Euh, mais dans les traits communs de ce qui peuvent revenir, y'a cette idée d'invisibilisation.

Journaliste : Oui.

Marie Charrel : C'est-à-dire qu'on est moins vues.

Journaliste : On ne me voit plus.

Marie Charrel : On ne nous voit plus.

Journaliste : On nous dit ça, hein. Je n'existe tout simplement plus.

Marie Charrel : Y'a cette idée de disparaître du regard, euh, du regard des hommes, et plus largement du regard sociétal, qui est quand même encore empreint de toute l'imagerie patriarcale. Et puis, beaucoup de choses paradoxales aussi, parce que, pour certaines, c'est une forme de libération, et puis beaucoup disent qu'il y a une espèce de décalage entre cette invisibilisation, y'en a même qui parlaient de cape d'invisibilité, et puis ce qu'elles vivent au quotidien, à savoir, euh, c'est le moment où en général, quand tout se passe bien dans son boulot, ben on a plutôt un sentiment d'accomplissement à beaucoup d'égards, donc il y a cette espèce de décalage entre la société qui dit « Bon, ben, finalement t'es périmée » et puis tout ce qui repose aujourd'hui sur les femmes de plus de cinquante ans, professionnellement, familialement, et cette place oui, importante et majeure, qu'elles ont qui correspond pas finalement à l'imagerie, à ce qu'on peut voir à l'écran, etc. Donc y'a aussi un décalage qui m'a beaucoup heurtée et qui est un peu dommageable pour tout le monde, je pense.

Journaliste : Ouais, parce qu'on devrait tous et toutes faire notre examen de conscience parce que, au fond, on est tous âgistes.

Marie Charrel : Oui, on est dans une société profondément âgiste et c'est profondément malsain parce qu'on est dans des pays, en Europe, aux États-Unis, au Japon, même en Chine, qui vieillissent. Je sais plus, j'ai vu passer une étude d'Eurostat, là, sur l'âge moyen, l'âge médian en Europe, qui est de quarante-quatre ans, à vérifier, mais en tout cas, c'est à peu près ça, et ça ne va qu'augmenter, ça ne va faire qu'augmenter, donc c'est assez paradoxal d'avoir ces sociétés âgistes, qu'aiment pas les vieux et qui sont des sociétés, en fait, qui ne s'aiment pas.

Journaliste : C'est ça.

Marie Charrel : Puisqu'on est de plus en plus des sociétés de vieux qui basculent dans le, le… Enfin, c'est la transition démographique qui va très, très vite, hein, dans certains pays. Donc y'a quelque chose de quand même assez, oui, d'assez névrosé. Oui, collectivement.

Journaliste : Oui, parce que même les personnes âgées sont, sont, enfin certaines, évidemment, pas toutes, certaines personnes âgées sont âgistes. Moi, j'ai grandi avec une grand-mère qui critiquait tous les vieux dans le bus, quoi.

Marie Charrel : Ah oui, c'est vrai, c'est vrai, on est tous âgistes quelque part, y'a toujours plus vieux que soi.

Journaliste : Oui, c'est ça. On trouve toujours plus vieux, oui, c'est vrai. Mais moi, je me rends compte que, plus on vieillit, moins on trouve les plus âgés vieux, aussi. C'est-à-dire qu'on dit « Oh, il est encore jeune, il a septante-cinq ans », alors que, quand on avait vingt ans, on considérait que les gens de quarante étaient des vieillards finis.

Marie Charrel : Oui, en fait, c'est très relatif, ce qu'on appelle « C'est quoi un vieux ou une vieille ? » On me pose souvent la question : « Mais, c'est quoi une vieille ? » Et je pense que c'est impossible de répondre. Déjà, parce que ça change selon les époques et l'espérance de vie, ça change selon les milieux sociaux et les métiers, hein. On n'est pas usé de la même façon selon la profession ou la vie qu'on a. Et puis, comme vous disiez, on est toujours le vieux ou la vieille d'une autre, quoi. C'est vrai qu'il y a quinze ans, une fille de trente ans, c'est déjà une vieille quoi. Et puis, plus on vieillit, plus on repousse ce qu'on considère comme vieux, c'est vrai.

Leçon 35
Défendre des convictions

Piste 172. Document 2

Journaliste : L'âge n'est-il pas seulement dans la tête ? C'est notre question du jour. Pour y répondre, nous faisons appel aujourd'hui à notre chroniqueuse, Valérie Desplanches, et au docteur Georges Dubois. Pour commencer, Valérie, dites-nous. Est-ce que l'âge, c'est seulement dans la tête ?

Valérie Desplanches : Alors, on peut parler de biologie, voire même de nanotechnologie, mais laissons ça de côté parce que la question de l'âge est une question très subjective, en fait. En réalité, chacun de nous a trois âges et non pas un seul. Ces trois âges commencent *grosso modo* à vingt ans. Le premier des trois âges, c'est l'âge biologique. Attention, cet âge ne correspond pas à la date anniversaire ou l'âge chronologique, comme on l'appelle. L'âge biologique dépend de notre état de santé. On peut agir sur cet âge biologique, on nous incite de plus en plus d'ailleurs à agir sur cet âge. Regardez toutes les incitations à faire du sport, à bien se nourrir. Évidemment, tous les excès qu'on peut faire vivre à notre corps vont faire augmenter l'âge biologique, *a contrario*, une bonne hygiène de vie peut le faire reculer.

Pour en revenir à l'âge chronologique dont je vous parlais, la fameuse date anniversaire, eh bien, là aussi, il y a une particularité. En moyenne, que ce soit pour les hommes ou pour les femmes, on a tendance à se donner sept à dix ans de moins. Donc on ne se fie pas vraiment à cet âge, un peu comme si on ne l'acceptait pas. Et plus on vieillit, moins cet âge chronologique se rapproche du chiffre exact de votre âge.

Journaliste : Ça veut dire par exemple qu'à soixante ans on se voit plus comme une personne de quarante-six, quarante-sept ans.

Valérie Desplanches : Exactement. Plus vous avancez dans l'âge, moins vous vous voyez âgé. Enfin, toutes proportions gardées, bien sûr. Et, en plus de cet âge, il y a un troisième âge et ça, c'est l'âge affectif. Ça correspond aux envies, aux

modes de vie… L'entourage affectif, les loisirs, les voyages, tout ça, ça influence l'âge affectif. Et aujourd'hui, il se passe beaucoup de choses dans la vie des gens, quel que soit l'âge. On divorce, on se remarie, on n'a plus peur d'envisager des relations amoureuses même à quatre-vingts ans !
Journaliste : Oui, d'accord, mais en même temps, on n'est pas à l'abri des jugements. Ne serait-ce que dans les vêtements que les personnes portent. On associe quand même certaines choses à un âge. Par exemple, un senior qui porte des baskets, on va lui dire « C'est pas de ton âge, tu t'habilles comme un jeune » !
Valérie Desplanches : On l'entend de moins en moins, parce que c'est de plus en plus accepté. Et c'est bien comme ça !
Journaliste : C'est sûr !
Valérie Desplanches : Ben oui, parce que ça aide d'une certaine manière à rester jeune dans sa tête ! On a trop souvent tendance à penser que les vieux sont rigides, qu'ils ne veulent plus changer leurs habitudes. Aujourd'hui, ce n'est plus le cas. Les personnes plus âgées sont beaucoup plus souples et c'est de cette manière qu'elles restent jeunes. En fait, plus vous êtes souple, plus vous êtes capable de projets, plus vous restez jeune. Il est indispensable de s'adapter au niveau du corps, même si c'est difficile de lutter contre le vieillissement des muscles, des articulations. Mais surtout, le plus important, c'est la souplesse cérébrale. Continuer à rencontrer de nouvelles personnes, vivre de nouvelles expériences. Les voyages, par exemple, c'est un contexte idéal pour rester jeune, ou encore travailler comme bénévole dans une association. Se maintenir dans l'activité, dans la nouveauté. Rester curieux et en alerte face au monde qui nous entoure. Et puis provoquer les choses plutôt que de rester à attendre que le temps passe !
Journaliste : Docteur Georges Dubois, vous confirmez ce que dit Valérie ?
Dr Georges Dubois : Alors, oui. Vieillir, c'est dans la tête, c'est vrai. Mais dans la tête, il y a aussi des réactions biologiques et ça aide à maintenir cette sensation de jeunesse. On a tous vécu l'expérience dans notre entourage. Un oncle, un parent, un ami qui s'est un peu laissé aller pendant des années. Quelqu'un qu'on voyait renfermé sur lui-même, plus très disposé à entreprendre des choses nouvelles et qui finalement, du jour au lendemain, se trouve métamorphosé suite à une rencontre. Il reprend goût à la vie, se lance dans de nouveaux projets. On voit bien qu'il y a un lien entre le physique et le psychique. Ça ne vient pas par hasard. Il faut qu'il y ait un déclic et là on comprend bien le lien entre biologie et psychologie.

Langue & S'entraîner

🎧 Piste 173 à 180. Vocabulaire
→ *Voir manuel pages 144 à 146.*

🎧 Piste 181. Activité 5
Ex. : On a tous peur que la vieillesse arrive trop tôt. **a.** On doit éviter que le corps ne faiblisse trop vite. • **b.** Il faut empêcher que l'âge nous enferme dans des catégories. • **c.** On doit rester actifs de crainte que les autres ne nous voient comme « vieux ». • **d.** Il faut profiter du temps avant qu'il ne soit trop tard. • **e.** Accepter son âge est plus difficile que ce que je pensais. • **f.** Les plus vieux doivent suivre les jeunes à moins que cela ne soit trop dur physiquement !

🎧 Piste 182 et 183. Vocabulaire
→ *Voir manuel page 147.*

🎧 Piste 184. Phonétique
La lecture à voix haute → *Voir manuel page 148.*

🎧 Piste 185. Activité 8
Extraits 1 et 2 • *Qui a peur des vieilles ?*
Alors que notre société vieillit, nous avons un problème avec les vieux en général et les vieilles en particulier, soumises à une double injonction contradictoire : être authentiques et naturelles, mais rester minces et jolies. Si elles sont moins regardées, invisibilisées, mises de côté passé un certain âge, de nombreuses vieilles se découvrent en contrepartie une liberté nouvelle. Est-ce cette émancipation qui nous rend parfois méfiants vis-à-vis d'elles ? Pourquoi la peur de vieillir est-elle toujours d'actualité ?

▶ 27 Culture(s) vidéo
Seniors : l'âge des possibles
Didier Vivier : Voilà, c'est le coin de paradis, c'est où je quand je me lève le matin, ben, je démarre et je sais où je vais, quoi. Quand vous avez ça qui vous arrive ben au moment de la retraite ben, quand vous êtes passionné de jardin ben voilà, c'est… c'est le top quoi ! Moi, je rentre le soir, souvent je fais mon petit panier, je ramène mes salades, je ramène le persil, les choux, y'a toujours quelque chose à manger quoi. C'est quelque chose que ben qu'j'en ai longtemps rêvé puis qu'j'ai réussi à faire, voyez.
Journaliste : Et pour cet ancien routier avec quatre millions de kilomètres au compteur, il a fallu occuper ce nouveau temps libre.
Didier Vivier : Le premier matin, quand je me suis levé, je peux vous assurer que ça fait bizarre parce que vous vous levez et puis là vous êtes là, au pied du lit quoi, assis, tu dis ben, voilà, c'est, c'est fini. […]
Journaliste : Plus qu'un passe-temps, le jardinage est une passion pour Didier, et une passion qui prend de l'ampleur : trois mille mètres carrés de potager à bichonner pour agrémenter les assiettes d'un restaurant gastronomique.
Didier Vivier : Je pars à huit heures et demie souvent ben je démarre mon Trafic et là, c'est vrai que ma journée commence. Ce qui est marrant, quand je roulais, j'avais… j'ai toujours écouté le tour de France. J'étais un passionné du tour de France et puis, je me suis dit ben quand je serai en retraite, premier truc que j'vais faire, première chose, ça va être de regarder le tour de France à la télé. Bon, ça fait trois ans, j'ai toujours pas réussi, hein. Ça m'aurait déprimé d'user le canapé, quoi. […]
Homme 2 : Y'a toujours les chaussures, les bâtons dans la voiture, on part un p'tit peu à l'aventure, on aperçoit un endroit, on se pose, on chausse les chaussures et puis on y va. C'est ça, la retraite. Même quand il y avait les journées, on avait toujours en arrière-pensée : « Demain, je serai avec telle classe, j'aurai telle chose à faire, etc. ». Donc y'avait toujours une petite partie de l'esprit qui était occupée par ce qu'on allait faire ensuite. La retraite, c'est aussi reprendre possession de son temps qui nous a été aussi un p'tit peu parfois ben grignoté pendant qu'on était dans la vie active. Donc c'est le gérer, s'organiser et puis le faire comme on l'entend.
Journaliste : Vous vous sentez privilégié ?
Homme 2 : Quelque part, oui, je pense.
Femme : La retraite, c'est une nouvelle vie.

Didier Vivier : Et c'est celle-là qui pour moi, qu'il faut pas rater.
Homme 2 : Là, on n'a pas trop, on n'a pas de problèmes de santé, donc, on a tourné la page de l'activité.
Femme : J'me suis dit, ben il faut que j'fasse quelque chose de ma retraite qui me, qui m'apporte quelque chose voilà donc, et qui apporte quelque chose aux autres.
Didier Vivier : Une vie professionnelle, c'est une vie professionnelle. Mais une fois par contre que vous arrivez en retraite, c'est vrai ben c'est là qu'il faut vraiment en profiter et en profiter. Dernière ligne droite, hein !
Homme 2 : Je pense surtout à l'instant présent, à observer, à admirer, à regarder tout ce qui nous entoure.
Didier Vivier : De vieillir m'a jamais fait peur, c'est d'être vieux qui m'fait peur. C'est pas de moi ça.

Ressources • Scène(s)

 Piste 186. Document 1
La consultation médicale.
Le patient : Bonjour, docteur !
Le docteur : Bonjour, monsieur Lebuis, pardon pour le retard, j'ai dû prendre un patient en urgence.
Le patient : Oh pardon, c'est mon téléphone, une seconde…
Le docteur : Je vous en prie… Alors, comment va votre bras depuis la dernière fois ? Ça fait combien de temps ? Je regarde votre dossier… Ah ! Huit mois, déjà. La rééducation s'est bien passée ?
Le patient : Je suis désolé, mais… Pardon, je mets le vibreur. Voilà… Encore pardon, je suis confus… Oui, de ce côté-là, pour le bras c'est parfait, ça va très bien, c'est redevenu comme avant.
Le docteur : Monsieur Lebuis, qu'est-ce qui se passe ? Vous me coupez ce truc tout de suite, s'il vous plaît.
Le patient : C'est que… Oui, pardon, voilà.
Le docteur : Parfait, merci. Quand je regarde vos radios, c'était pas gagné, l'entorse était assez méchante, mais bon, si tout va bien… Alors, qu'est-ce je peux faire pour vous ?
Le patient : Je voudrais un arrêt maladie.
Le docteur : Vous êtes malade ?
Le patient : Euh, oui en fait… C'est le mariage de ma sœur, on est très proches, elle m'appelle tout le temps… Tout le temps… C'est la première fois qu'elle se marie.
Le docteur : C'est une bonne nouvelle ça, mais c'est pas une maladie.
Le patient : Ça me rend malade, je ne dors plus, je ne mange plus, je stresse… En vrai, je suis lessivé de chez lessivé.
Le docteur : Ah ! Ça a commencé quand ?
Le patient : Il y a trois mois.
Le docteur : On dirait que c'est vous qui allez vous marier ! Prenez un peu de recul…
Le patient : Vous ne connaissez pas ma sœur. Pardon, c'est juste un SMS.
Le docteur : Bon… Défaites votre chemise, vous pouvez garder votre tee-shirt, je vais prendre votre tension et vous ausculter.
Le patient : Excusez-moi…
Le docteur : Non ! Vous répondrez après !
Le patient : C'est peut-être une urgence, le traiteur qui se décommande, le barnum qui n'est pas livré…
Le docteur : Chut… Du calme… Laissez ce téléphone, regardez-moi, respirez tranquillement. Ouh là ! 16,10. Maintenant, respirez profondément et par le nez, s'il vous plaît.
Le patient : Le DJ, j'ai oublié d'appeler le DJ pour la musique, j'ai oublié de lui dire…
Le docteur : Monsieur Lebuis, restez calme, arrêtez de parler, respirez, ça suffit ! Là, très bien. ET PUIS COUPEZ CE TÉLÉPHONE !!!!!!
Le patient : Im.po.ssi.ble.
Le docteur : Ouh là là… OK, monsieur Lebuis. Votre tension est un peu élevée et vous respirez un peu vite. Vous dormez bien ?
Le patient : Bof… Ça dépend, quand le téléphone ne sonne pas, ça va.
Le docteur : Vous mangez bien ? Vous avez de l'appétit ? Vous faites des repas réguliers ?
Le patient : Hmm…
Le docteur : Côté transit, ça va ?
Le patient : Hmm…
Le docteur : Et le moral… vous êtes triste ? Vous avez des idées noires, parfois ?
Le patient : Quand je pense au DJ… celui qu'on a réservé… Il n'a peut-être pas…
Le docteur : Monsieur Lebuis…
Le patient : Pardon…
Le docteur : Monsieur Lebuis, bon, écoutez, j'ai un traitement pour vous, un truc imparable, vraiment très efficace.
Le patient : Un arrêt de travail ? Oh là là, ce serait vraiment l'idéal…
Le docteur : Non ! Mieux que ça… Un traitement dernier cri, très efficace, pas cher du tout. Et parfaitement remboursé par la Sécu. C'est… LE MODE AVION !
Le patient : Hein ? Prendre l'avion ?
Le docteur : Non ! Votre téléphone, là, vous le basculez en mode avion. Vous respirez, vous marchez dix minutes par jour sans téléphone, vous regardez la télé, vous sortez… vous pensez à autre chose. Allez… Donnez-moi votre carte Vitale, vous pouvez régler par carte bancaire.

 Piste 187. Document 2
Chez le coiffeur.
Cliente : BONJOUR ! OH, OH !!! BONJOUR !!!
Stéphane, le coiffeur : Pardon, bonjour, Madame Lemoinet, comment allez-vous ?
La cliente : Bonjour, Stéphane, qu'est-ce qui vous arrive, vous ouvrez une boîte de nuit ?
Stéphane : J'aimerais bien… Qu'est-ce que je peux faire pour vous ?
La cliente : Ben… me couper les cheveux… Et vraiment bien courts, cette fois.
Stéphane : Mais… je vous attendais demain…
La cliente : Demain ? Impossible je garde mon petit-fils.
Stéphane : Bon… Donnez-moi votre manteau, enfilez ce peignoir et installez-vous là, je vous prends tout de suite.
La cliente : Oh, je me suis trompée. Mais oui, vous avez raison, c'était bien demain, le rendez-vous, oh, je vous prie de m'excuser, Stéphane.
Stéphane : Aucune importance. Bon, alors on fait quoi ? Les cheveux courts… Je suis pas sûr du tout. Comme ça, mi-longs, ça vous va bien… ou alors on pourrait… Oh non, j'ose pas.
La cliente : Bon, allez-y Stéphane, arrêtez le suspens, je vais pas vous faire un procès si vous dites des bêtises.
Stéphane : Non… Je me disais que des cheveux frisés…,